Der Süßmuth-Effekt

Elisabeth Kiderlen

Der Süßmuth-Effekt

Eichborn Verlag

CIP-Titelaufnahme der Deutschen Bibliothek

Kiderlen, Elisabeth:
Der Süßmuth-Effekt / Elisabeth Kiderlen. – Frankfurt am
Main : Eichborn, 1990
ISBN 3-8218-1128-5

Umschlaggestaltung: Uwe Gruhle unter Verwendung eines dpa-Fotos.
Gesamtherstellung: Fuldaer Verlagsanstalt GmbH.
ISBN 3-8218-1128-5.
Verlagsverzeichnis schickt gern:
Eichborn Verlag, Hanauer Landstraße 175, D-6000 Frankfurt 1

Inhalt

Einleitung: Der Süßmutheffekt

VERNUNFT UND CHARISMA

Die Welt ist im Umbruch. Der kalte Krieg ist zuende. Ein neues Vereintes Europa entwickelt sich. Damit wird auch die Politik der Knarre und Kandarre, mit der die beiden Supermächte ihre Vorgärten und Hinterhöfe in Ordnung hielten, hinfällig. In Ost- und Westeuropa wie in den beiden Amerikas weicht das Hegemonialprinzip dem Partnerschaftsgedanken. Ein neuer Politikertypus erklimmt die Bühne, der Schriftsteller Havel in der Tschechoslowakei, der Dichter Gönc in Ungarn, der Philosoph Schelew in Bulgarien, der Geschichtsprofessor Mazowiecki in Polen. Vorerst in Osteuropa übernehmen an ethischen Prinzipien wie am demokratischen Diskurs orientierte Intellektuelle die höchsten Ämter im Staat, keine traditionellen Machtpolitiker also, eher Organisatoren eines rationalen Gesprächs.

Im gleichen Zuge ändern sich auch in den westlichen Demokratien die Anforderungen und die Wünsche an die Politiker. Der erstaunliche Erfolg, die überraschende Karriere der Pädagogikprofessorin Rita Süßmuth geben davon Zeugnis. Obwohl ihr die akademische Prägung immer anzumerken ist, gelang es der Quereinsteigerin innerhalb kürzester Zeit, nicht nur zur populärsten Politikerin zu werden. Sie wurde zugleich Symbol einer parteiübergreifenden unideologischen Politik, die vordem kaum denkbare Mehrheiten für die Ziele einer zivilen Gesellschaft zu mobilisieren vermochte.

Rita Süßmuths Wirkung verdankt sich gewiß auch den Medien. Der Bildschirm verstärkte die ihr eigentümliche Ausstrahlung, die darauf beruht, den Menschen zugleich ganz nahe zu kommen und dennoch Distanz zu wahren. Etwas, das den traditionellen Machtpolitikern und den großen Populisten von Strauß bis Lafontaine völlig fremd ist. Die Besonderheit ihres politischen Stils gab diesem Buch seinen Namen: »Der Süßmutheffekt«. Damit ist zugleich ein in unserer Republik einzigartiges, aber zukunftsträchtiges Phänomen bezeichnet: ein öffentliches Wirken, das trotz ungeheurer Medienpräsenz die eigene Person zurücknimmt, das sich am Dialog orientiert und – zumindest vordergründig – nicht am Machtgewinn.

Der politische Stil Rita Süßmuths konnte nur auf dem Hintergrund der in den 80er Jahren anstehenden neuen Aufgaben kreiert werden: der Frauenfrage also, der Neubewertung von Erwerbsarbeit und Arbeit in der Familie, der Ökologie, der Abrüstung und des Abbaus von Rassismus und Fremdenfeindlichkeit. Diese für eine zivile Gesellschaft typischen Probleme wurden in der Bundesrepublik geprägt von den Nachwirkungen der Bewegung von 68 und dem Feminismus. Mit dem Anknüpfen auch an diese Traditionen machte aber Rita Süßmuth insbesondere den Grünen den Anspruch streitig, als einzige für eine »andere« Art von Politik zu stehen.

Im Gegensatz zu den Grünen ist Rita Sußmuth freilich eine realpolitische Verknüpfungskünstlerin hohen Ranges. Ihre jüngste, als Kompromißvorschlag vorgestellte Initiative zur Liberalisierung des § 218 zeigt diese Meisterschaft. Der Streit, ob die DDR-Fristenregelung oder die BRD-Indikationsregelung gesamtdeutsch gelten soll, schien festgefahren, bis Rita Süßmuth in ihrer Eigenschaft als Vorsitzende der CDU-Frauenunion einen »dritten Weg« vorschlug. Dieser basiert auf grundsätzlicher Straffreiheit von Abtreibungen in den ersten drei Monaten, prinzipieller Beratungspflicht (auch für Männer), Ausweitung der Hilfeleistungen für Schwangere und Familien. Vor allem: Die neuen Regelungen sollen aus dem Strafgesetzbuch herausgenommen und in ein neues, im Grundgesetz verankertes »Lebensschutzprinzip« umgewandelt werden. Es hätte damit den Charakter eines Leitzieles der Verfassung, so wie es die freie Entfaltung der Persönlichkeit ist oder der Schutz der Umwelt sein soll. Was daraus genau folgen kann, hängt von der Ausgestaltung dieser Leitidee in der Verfassungswirklichkeit ab. Der Vorschlag forciert zuallererst die Absicht, an herausragender Stelle den Willen einer Gesellschaft zu demonstrieren, jedes (auch das ungeborene Leben) zu schützen. Dennoch bliebe die individuelle Entscheidungsfreiheit der Frau garantiert, nach gründlicher Abwägung das Austragen einer Schwangerschaft zu verweigern, eine Notlage selbst zu definieren.

Zu viel weibliche Selbstbestimmung, zu viel staatlicher Beratungszwang – der Vorschlag mißfällt naturgemäß den Fundamentalisten aller Couleurs. Jedoch demonstriert er Rita Süßmuths politische Vorgehensweise bestens! Sie sucht stets die Verbindung zwischen wertkonservativen Grundprinzipien und den Rechten des modernen Individuums auf die eigene Lebensgestaltung.

Mag Bischof Dyba aus Fulda auch toben und den Rücktritt der Bundestagspräsidentin fordern, mag CSU-Generalsekretär Huber aufgebracht ihre »feministische Schlagseite« rügen, fast alle anderen Parteien und Gruppierungen hat Rita Süßmuth durch den sachlichen Ernst ihrer Haltung als Bündnispartner gewonnen, von der »Katholischen Frauengemeinschaft Deutschlands« bis zu den Gewerkschaften, vom realpolitischen Flügel der Grünen über die FDP, SPD und große Teile der CDU in Ost und West bis hin zu nicht wenigen Frauen in der CSU. Die Vokabel »Lebensschutz« nimmt den Konservativen und Katholiken die Basis für wohlfeile Vorwürfe, während der Kompromiß in der Handhabung des § 218 die Befürworter der Liberalisierung überzeugt. Somit hat Rita Süßmuth den Großen Runden Tisch für die Frauen bereitgestellt.

Vor einem Jahr hätte sie diese ummäntelte Fristenlösung in ihrer Partei noch den Kopf gekostet, aber Rita Süßmuth ist schnell im Erfassen der Chancen, die neue politische Konstellationen bieten. Zeiten des Umbruchs sind immer auch Zeiten für Neugestaltung und Kreativität. Festgefahrene Fronten, eingespielte Strategien, die üblichen Winkelzüge und Bremsmanöver – der bekannte politische Machtpoker läßt plötzlich neue Regeln zu. Rita Süßmuth wußte das wohl zu nutzen, war doch ihre Berufung zur Familien- und Frauenministerin von einer ähnlich offenen Situation ermöglicht worden: Eine konservative Partei, die CDU, wollte den Anschluß an moderne Wählerentwicklungen nicht verpassen, und sie beschloß mit Rita Süßmuth offensiv dieses für sie nicht vermessene Terrain zu besetzen.

Der »Süßmutheffekt« ist also ein doppelter: der Effekt, den sie auslöst, wie auch der gesellschaftliche Affekt, der sie machtvoll nach vorne schiebt. Mit ihrer Zustimmung zu Rita Süßmuth machen die Bundesbürger, vor allem aber die Bürgerinnen eines deutlich: daß sie sich mit der Rolle des frisch und frech zu manipulierenden Stimmviehs nicht mehr begnügen wollen. Nicht mehr allein mit plakativen und süffigen Allerweltsparolen, auch mit Nachdenklichkeit und Kompromißsuche in komplexen Zusammenhängen läßt sich Politik machen.

Das vorliegende Buch handelt von den Schwierigkeiten

und Erfolgen, einen anderen Umgang mit der Macht durchzusetzen, von dem Nebeneinander neuer und traditioneller Politikstrukturen und von einem in Deutschland einmaligen Vorgang: einem »feministischen« Experiment an der Spitze, das ausgerechnet von der CDU in Gang gesetzt wurde. Mit einem Amalgam aus konservativen Wervorstellungen und progressiven Ideen setzte die Christenunion Mitte der 80er Jahre zu einem qualitativen Sprung nach ganz vorne an, ihre Frauen- und Familienpolitik wurde richtungsweisend. Rita Süßmuth, deren Biographie eine solche Karriere als konsequente und umstrittene Neuerin zunächst nicht gerade selbstverständlich erwarten ließ, befand und befindet sich mit all dem weiterhin im Zentrum der Aufmerksamkeit. So ist das Buch einerseits ein interessierter Rückblick. Interviews sind in den Text eingeflossen, Gespräche mit Parteifreunden und -feinden sowie mit Konkurrentinnen aus den anderen Parteien, mit ihren Mitarbeitern und Kritikern aus den verschiedensten Milieus. Gleichzeitig ist das Buch aber auch eine Vorausschau, denn die Probleme der 80er Jahre sind nicht gelöst, sie sind nur vorübergehend weggeschoben, stillgestellt durch die komplizierte Prozedur der Vereinigung beider Deutschländer. Die Chancen zur Umgestaltung dieser Gesellschaft im vergangenen Jahrzehnt, in einer Zeit der Hochkonjunktur, wurden von der Regierung Kohl im großen und ganzen vertan. Um so heftiger werden sich die Probleme wieder demnächst in den Vordergrund drängen; die marode Wirtschaft im ehemaligen SED-Staat, seine vorsintflutlichen, umweltzerstörenden Industrieanlagen, die Massenarbeitslosigkeit, speziell die der Frauen, verschärfen nur den Druck. Das Gewicht der Reformerkonzeption um Rita Süßmuth ist objektiv gewachsen.

Die alte Verbindung Süßmuth/Frauenunion – Ulf Fink/Sozialausschüsse (CDA) ist um die Verbindung zum DGB reicher geworden. Neben dem CDA-Vorsitzenden wurde auch Regina Görner, Süßmuths ehemalige persönliche Referentin, im Frühsommer 90 in den DGB-Vorstand gewählt. Lothar de Maizière erklärt sich dem christdemokratischen Arbeitnehmerflügel nahestehend, und Rita Süßmuth wiederum empfindet eine gewisse politische Verwandschaft zu dem Ost-CDU-Chef. Die Gewichte in Deutschland werden neu verteilt, die Kompromißlinien verschoben. Schon warnt der CSU-Generalsekretär, daß die Christdemokratie durch das Gewicht der Ost-CDU nach links drifte. Mit Bestimmtheit läßt sich nur vorhersagen, daß ein Wiederaufflammen von Rassismus und Rechtsradikalismus auch immer die Chancen von Frauen in einer Gesellschaft verschlechtern. Vom Erhalt und der weiteren Durchsetzung einer zivilen Gesellschaft im neuen Gesamtdeutschland wird die künftige Position Rita Süßmuths abhängen.

Ihre taktisch bestimmte Kandidatur mit Ernst Albrecht bei der Niedersachsenwahl im Mai 1990 hat sie zwar Sympathien in der Bevölkerung gekostet, der eigenen Partei jedoch gezeigt, daß sie nicht nur die leichthin Posten empfangende Ein- und Überfliegerin ist, sondern sich für die Parteiräson in die Pflicht nehmen lädt. Mit den Stimmen der Grünen wurde sie zur Bundestagspräsidentin gewählt, die Grünen und die SPD haben ihre Aidspolitik, ihre erste große Bewährungsprobe gestützt. Rita Süßmuth ist weitestgehend konsensfähig, ihre Wirkung integrativ. Mag sie auch inzwischen in strengen lila Kostümen und biederen Schleifchenblusen auftreten, statt wie anfangs in blumigen Jacketts und lockeren Pullovern – ihr Elan und ihr Einsatz sind ungebrochen. Ihre Bedeutung wird eher zu- als abnehmen. Denn in einer Gesellschaft, die nicht mehr von militärischer, machtpolitischer oder ideologischer Konfrontation bestimmt ist, hat der »Süßmuth-Effekt« Zukunft.

BEWÄHRUNGSPROBE: DIE AIDS-KRISE

An die 60 Aids-infizierte Männer sind im Herbst 87 im »Waldschlößchen«, einer Tagungsstätte speziell für Schwulen- und Aidsarbeit versammelt, als ein schwarzer Dienstwagen der Bundesregierung vorfährt. Ihm entsteigt Rita Süßmuth. »Damals«, so erzählt ein Mitarbeiter dieses Hauses, »durften wir in unseren Anzeigen die Adresse unserer Tagungsstätte noch nicht angeben, sonst wäre hier in der Gegend die Hölle losgewesen, die wären mit Mistgabeln auf uns losgegangen.« Aber Rita Süßmuth hatte die Einladung des »Waldschlößchens« tatsächlich angenommen.

Es ist das erste Mal, das sich ein Mitglied der Regierung mit einer Gruppe Aids-Infizierter konfrontiert, und das Treffen wird auch nicht an die große Glocke gehängt. Bundesministerin Süßmuth sitzt im großen Tagungsraum, und Stunde um Stunde erzählen ihr die »Positiven« ihre Leidensgeschichten: Wie sie keinen Zahnarzt mehr finden, der sich traut, sie zu behandeln, wie sie aus ihrem Job, aus ihrer Wohnung geworfen werden, wie der Bekanntenkreis sich dünne macht: Angst, Isolation, Selbsthaß. Rita Süßmuth hört voll Anteilnahme zu, und von Minute zu Minute steigt die Kurve der Sympathie, mit der die Anwesenden sie belegen. Sie wird umringt, als sie gehen muß, es wird auf sie eingeredet, bis das Auto endlich davonfährt.

Seit dieser Begegnung galt Rita Süßmuth in der Schwulenszene als eine Art Heilige. »Jesus Christus hat bei den Aussätzigen wenigstens Wunderheilungen vollbracht, bei ihr ging es ohne«, spöttelte ein Teilnehmer. Doch das Vertrauen, das ihr von den Homosexuellen entgegengebracht wurde, war fast grenzenlos. »Dieses kleine Persönchen«, begeistert sich noch heute ein Teamer, »man unterschätzt immer, wie klein sie ist. Man kann sich der Beschützerrolle kaum entziehen.« So war es ein Schützen auf Gegenseitigkeit. »Das Selbstbewußtsein der ›Positiven‹ war damals noch sehr wacklig«, erzählt er weiter, »alle waren ängstlich und Süßmuths Auftritt hatte etwas Bestärkendes«: entlastend durch das verständnisvolle Zuhören, aber auf nachdrückliche Weise streng in der Forderung, mit der Krankheit verantwortlich umzugehen.

Aids – welch eine Chance für eine veritable »Politik der Wende«, für das Einlösen des konservativen Wertewandels, den die CDU/CSU 1983 bei der Bundestagswahl versprochen hatte. Schon sprach Kardinal Höffner von Aids als von »einem Wink Gottes«, forderten die Bischöfe eine Einheitsfront von Staat und Kirche im Angriff gegen die losen modernen Sitten, stellte Waldemar Molinki im *Rheinischen Merkur* die Frage, ob es nicht besser sei, qua staatlicher Autorität »die Freiheit von möglicherweise oder tatsächlich Infizierten« zugunsten der Mehrheit der Gesunden einzuschränken. Die »möglicherweise Infizierten« und damit die Auszugrenzenden waren wieder einmal die Außenseiter und die Drop-outs der Gesellschaft – die Homosexuellen, die Drogenabhängigen und die Prostituierten. »Es kann nicht um noch mehr Verständnis für Randgruppen gehen, sondern darum, sie auszudünnen« – so die TV-Brandrede des bayrischen Schulministers Hans Zehetmair gegen die Homosexuellen. »Diese Randgruppe muß ausgedünnt werden, weil sie naturwidrig ist.« Auch die Asylanten, Stipendiaten und Studenten aus der Dritten Welt erschienen als Risikoträger bedrohlich. Schuld an allem hatte die neue permissive Sexualmoral und die Toleranz gegenüber Minderheiten im Gefolge der Emanzipationsbewegungen.

Eine Gesellschaft in Angst ist empfänglich für autoritäre Lösungsangebote. Die Ausgangsbedingungen für einen konservativen Wertewandel durch Aids waren also glänzend! In dieser Situation wurde als neue Gesundheits-, Jugend- und Familienministerin eine weithin unbekannte Professorin gekürt, die erklärte: »Ich möchte Aids nicht dazu benutzen, eine Moral aus Angst zu fördern. Das führt die Emanzipation, eine selbstbestimmte und selbst verantwortete Sexualität nicht weiter.«

Schon bald nach ihrem Antritt im September 1985 hatte Ministerin Rita Süßmuth die *Frankfurter Allgemeine Zeitung* gegen sich aufgebracht, der *Rheinische Merkur* folgte, beim *Bayernkurier* erübrigt sich jede Bemerkung. »Sie unterschätzt die Führungskraft, die eine wahrhaft progressive Wendepolitik ausstrahlen könnte« – faßte der *Rheinische Merkur* ein Jahr später die Verärgerung über Ministerin Süßmuth kurz und bündig zusammen. Das galt auch Heiner Geißler, der sie schließlich ins Amt gehievt hatte und ihre Aidspolitik nach einigem Zögern mit dem flotten Spruch »Ratio statt Razzia« unterstützte. Schneller als Ministerin Süßmuth den Konflikt durchschaute, waren die beiden als das Verräterduo an der Wende ausgemacht. Entsprechend wurde die Aidspolitik zum zentralen ideologischen Schlachtfeld in den Jahren 86-88. Es ging dabei um Grundsätzliches, um den Grad der Liberalität der westdeutschen Gesellschaft und um die politische Plazierung der größten bundesdeutschen Volkspartei, der CDU, als einer moderat konservativen, sozialen und christlichen Partei der Mitte oder als einer ideologisch pointierten rechtskonservativen Partei. Zu Beginn von Rita Süßmuths Tätigkeit als Ministerin war offen, welche Linie siegen würde. Bundeskanzler Kohl hielt sich von diesem heiß umkämpften Terrain abwartend fern.

»Die Aids-Politik ist für mich das Wichtigste gewesen«, erklärte Rita Süßmuth bei ihrem Abgang aus dem Bundesgesundheitsministerium im November 1988, und – so kann man hinzufügen – es war auch die einzige Sparte, in der sie nachhaltig und ganz konkret erfolgreich war. Diesen Erfolg verdankt sie nicht unerheblich ihrem schärfsten Kontrahenten, dem bayrischen Hardliner und Straußschützling Peter Gauweiler. Beide zwangen einander zur Pointierung ihrer politischen Positionen und zur scharfen gegenseitigen Abgrenzung – und das zum Wohl der bundesrepublikanischen Gesamtpsyche, der die Alternativen in der Aids-Bekämpfung auf diese Weise glasklar vor Augen geführt wurden.

Lovely Rita und der hübsche Peter – welch ein Pärchen, welch eine gelungene Arbeitsteilung bei der Bewältigung der latenten Aidspanik, die ab der zweiten Hälfte des Jahres 1985 die Bevölkerung quer durch alle Schichten und Parteien an der Gurgel hielt! Es hätte kaum medienwirksamer kommen können. Peter, der Bayer, stand für alle wilden Ausgrenzungs-, Verfolgungs- und Totschlagphantasien, die an den Stammtischen, in den Vereinslokalen und in den Schlafzimmern der Republik blühten. Er stand für den Abscheu des Bürgers vor offen sich bekennenden Homosexuellen, Drogenabhängigen, Prostituierten, Strichjungen und für die Angst vor den eigenen verbotenen Wünschen. Er stand für die namentliche Meldepflicht von Infizierten, für die polizeiliche Beobachtung derselben, für die unnachgiebige Strafverfolgung bei unvorsichtigem Verhalten, für Reihenuntersuchungen bei Beamtenanwärtern, Asylsuchenden, Rekruten und schwangeren Frauen, letztendlich der ganzen Bevölkerung, und für die Aussonderung der Aids-Positiven. So wie er den Münchner Strich gesäubert hatte, schickte er sich nun an, die Republik zu säubern.

Das kollektive Erschrecken über die bayrische Linie, das um das Jahr 1987 die Republik befiel, über die Konsequenzen, die Gauweilers Forderungen für Infizierte – und das waren, wie die CSU nicht müde wurde zu wiederholen, potentiell alle – haben könnten, bereitete den Boden vor, auf dem Rita Süßmuth ihre Politik der Aufklärung und der Eigenverantwortung durchsetzte. Ihre Immunität gegen die Versuchungen autoritärer, restriktiver Aidspolitik leitet sie aus der jüngsten deutschen Geschichte her: »Je mehr nach Zwangsmaßnahmen gerufen wird... desto stärker wächst auch die Bedrohung für unsere freiheitliche Lebensform und desto gewaltiger wird die Gefahr gesellschaftlicher Diskriminierung.« So formuliert sie es in ihrem Buch »Aids – Wege aus der Angst«. »Dies ist in Deutschland besonders prekär: In den Jahren 1933 bis 1945 herrschte ein Schreckensregime, das Diskriminierung und Ermordung betrieb. Wir sollten alles tun, um vergleichbare Geschehnisse zu verhindern.« *FAZ*-Journalist Georg Paul Hefty erregte sich heftig über diesen Vergleich, den er als unzulässig und übertrieben empfand, als Mittel, die Diskussion über Gauweilers Vorschläge von vorneherein abzuwürgen. Seine Empörung mag um so größer gewesen sein, als er es gewohnt ist, solche Warnungen und Vergleiche eher auf der linken Seite des Parteienspektrums und nicht gerade von der CDU zu hören. Der rabiate Fighter Gauweiler wurde fortan zwar selten namentlich in dem vornehmen Frankfurter Blatt gelobt, seine Aids-Politik jedoch unterstützt.

»Für Rita Süßmuth war sehr schnell klar«, erzählt die Psychologin und Aidsspezialistin Sophinette Becker, »daß bei Aids die humane Lösung mit der effizienten zusammenfällt.« Und über Aufklärung die drohende Epidemie in den Griff zu bekommen, entsprach ihren Vorstellungen von Politik als Form öffentlicher Pädagogik. Ihrer heranwachsenden Tochter, um die sie, wie jede andere Mutter in Sorge sei – erzählte sie dem TV-Publikum – sage sie über den Umgang mit Aids auch nichts anderes als das, was sie öffentlich vertrete: Treue sei der beste Schutz, ansonsten müsse man (selbst-)verantwortlich handeln. Das klang glaubwürdig. So hetzte sie von öffentlicher Veranstaltung zu Zeitungsinterview und Fernsehauftritt und appellierte an das Bessere im Menschen mit den Mitteln des persönlichen Beispiels und der hartnäckig wiederholten Argumente: daß die namentliche Meldepflicht von Aids-Infizierten nur dazu führen würde, daß sich immer weniger potentiell Infizierte testen ließen, diese Erfahrung habe Schweden gemacht. Und was sollte der Staat mit den namentlich Registrierten machen? Um alle Eventualitäten unvorsichtigen Verhaltens ein für allemal auszuschließen, blieb konsequenterweise nur die Wegsperrung dieses Personenkreises, aber welche möglicherweise Neuinfizierten würden dann noch einen Test wagen? Ein Leben in der Angst würden diese einem Leben unter ständiger Kontrolle doch allemal vorziehen. »Aber«, so ergänzte sie ihre Appelle an die Eigenverantwortung immer beruhigend, »gegen die wirklich Uneinsichtigen müsse natürlich mit Zwang vorgegangen werden.«

Sollten die Erkrankungen epidemisch in die Höhe schnellen, drohte die CSU, sei nur Rita Süßmuths sanfte Linie daran schuld: »Wieviel Menschen müssen noch sterben, bevor der Staat endlich handelt?« (der bayrische Innenminister Lang). Und konnte man über die Geschwindigkeit der Verbreitung Genaues wissen? Rita Süßmuth sprach von 30.000 bis 100.000 Infizierten in der Bundesrepublik, der hessische Sozialminister redete von 150.000 bis 200.000 und der rheinland-pfälzische Gesundheitsminister sogar von 300.000 Fällen. Das apokalyptische Spiel mit Zahlen war in vollem Gang. Die Presse veröffentlichte erschütternde Berichte über Aids-kranke Neugeborene, infizierte, um sich schlagende Schüler, angesteckte Ehefrauen... Die Ministerin stand unter ungeheurem öffentlichem Druck. Und doch gab es letztlich keinen vernünftigeren Weg als den der Aufklärung. So sah das auch Helmut Kohl, der solange seine Ministerin stützen wollte, bis »eine solche Hysterie in der Bevölkerung hochkommt, daß man von Staats wegen auch etwas tun muß, was man eigentlich für unvernünftig hält, was aber Luft abläßt.« (*Spiegel*, Februar 1987).

Es hing also an der Ministerin, den Beweis zu führen, daß Aufklärung erfolgreich sein konnte, mit der allgemeinen Solidarität im Kabinett konnte sie allerdings nicht rechnen. Schon Ende 1985 hatte Entwicklungshilfeminister Warnke (CSU) quergeschossen und Aidsuntersuchungen bei allen Stipendiaten aus Dritte-Welt-Ländern angeordnet, ohne die zuständige Ministerin auch nur zu informieren. Mai 1987 verfügte Bundesinnenminister Zimmermann (CSU) ohne Absprache mit ihr einen »Aids-Grenzschutz-Erlaß«. Allerdings rückte er davon schnell wieder ab.

So gab es mehrere durchsichtige, auf die konservative Öffentlichkeit zielende verbale Muskelspiele ohne praktischen Nutzen für die Sache, propagandistische Drohgebärden des rechten Lagers und von Nutzen nur für die Selbstinszenierung der jeweiligen Politiker. Wirklich gefährlich an solchen Durchgreifer-Gebärden war für Manfred Steinbach, den zuständigen Abteilungsleiter im Gesundheitsministerium nur, daß sie als Ermutigung für Großunternehmer und Versicherungsgesellschaften wirken könnten, einen Aids-Test als Einstellungsvoraussetzung einzuführen. Damit wäre die berufliche Ghettoisierung gesunder Infizierter perfekt. Dagegen galt es einen Damm zu bauen.

Bedrohlich für die Aidspolitik von Rita Süßmuth wurde es allerdings im Herbst 1987, als die CDU in zwei Lager auseinanderzubrechen drohte, das Lager der christdemokratischen Modernisierer und das der konservativen christdemokratischen Mehrheit. Geißlers Kurs, die Partei auch für linke

Wähler zu öffnen, hatte zu Unruhe an der CDU-Basis und zunehmend lautstarker Entrüstung beim rechten Spektrum der Partei geführt. Kanzler Kohl geriet zwischen die Fronten und um sich von den Reformern abzusetzen, plante er einen Schwenk in der Aids-Bekämpfung. Damit, so hoffte er, würde er die Stimmung des Partei- und Wählervolks treffen. »Die CSU-Häuptlinge«, so berichtet der *Spiegel* am 26.10.87, »haben aus vertraulichen Gesprächen mit dem Kanzler die Überzeugung mitgenommen, daß Kohl die Aids-Poltik des scharfen Strauß-Freunds und Münchner Staatssekretärs Peter Gauweiler für die richtige Medizin halte.«

Letztendlich jedoch blieb der Schwenk aus, und daran hatte der telegene Rechtspopulismus eines Peter Gauweiler wider Willen einen wesentlichen Anteil. Peter Gauweiler liebt starke Typen, ob Churchill oder Herbert Wehner, ob rechts oder links der Mitte. Er verehrt Hemingway, das »ungeheuer Wilde«, das er bei ihm spürt, die Lust an »gefühlsstarken Frauen und die Jagd in Afrika«. (Aus einem Aufsatz Gauweilers über Hemingway, den er der *Transatlantik* zur Verfügung stellte.) Er begeistert sich für Themen, an die sich hehre, idealische Worte knüpfen lassen – und Aids war solch ein existenzielles Thema, an dem sich Kraft beweisen ließ. Verständnis für andere ist Schwäche, Stärke beweist man, indem man eine partielle (und vielleicht eigene) Gefährdung zur Existenzbedrohung eines ganzen Volkes überhöht und sich als Retter vorgibt. Das mag der Bundesbürger bei Gauweilers Tiraden im Unterbewußtsein genau gespürt haben, nämlich das vorrangige Interesse an der Profilierung und Selbstdarstellung. Und da Aids, wie gerade Gauweiler panikschürend immer wieder betonte, die ganze Bevölkerung bedrohe, mochte sich niemand, auch nur potentiell, nach seinen Richtlinien behandelt sehen. Schließlich mochte eine Ansteckung ja schon Jahre zurückliegen.

So geschah es, daß der Saubermann mit den sinnlichen Lippen und den starken Worten seine Kontrahentin in Bonn in einem immer reineren Licht erscheinen ließ – Sauberkeit contra Reinheit, ein Begriffspaar, das in dieser putzmittelversessenen Republik massenpsychologisch ausschlaggebend für die schließliche Akzeptanz der Süßmuth-Linie wurde.

Was ist nun Ritas Reinheit? Promiskuität, Prostitution, Homosexualität, Drogen – was konnte jene Rita Süßmuth, die der Fernsehzuschauer freundlich, nachdenklich und unbefangen auf seinem Bildschirm sah, schon persönlich damit zu tun haben? Trug sie nicht ihre heile Familie, den fürsorglichen, ermutigenden Ehemann, die hübsche, aufgeklärte Tochter wie einen Schutzschild gegen die Unwägbarkeiten des Trieblebens vor sich her? War sie nicht eine ordentliche Ehefrau, die mit dem lotterhaften Bonner Politikernachtleben, wie es sich die bunten Blätter genüßlich ausmalen, nichts zu tun hatte? Mußte sie etwa Angst vor Ansteckung bei Liebeshändel und in Freudenhäusern haben? Und war nicht ihr Lieblingsschriftsteller Lessing, dessen Plädoyer für Toleranz und Humanismus jedem seit der Schulzeit ein respektabler Begriff ist? Lessing contra Hemingway – man nahm ihr ab, daß sie in der Aids-Frage nach bestem Wissen und Gewissen und in gesellschaftlicher Verantwortung handelte und nicht getrieben oder bedroht von versteckten persönlichen Motiven und Ängsten.

In den Jahren 85-87 hatte die Aids-Epidemie weniger starken Auftrieb als die Phantasien, die diese Krankheit umgaben. Die Homosexuellen sahen sich in ihren Vorstellungen schon mit einem Kreuzzug gegen Aussätzige, mit einer »Nacht der Langen Messer« konfrontiert, Bilder von KZs wurden in den Träumen lebendig. Die Heterosexuellen imaginierten sich als Opfer der Rachebedürfnisse von HIV-Infizierten an den Gesunden, Normalen, »Glücklichen«: Empfanden diese es vielleicht als untergründig »gerecht«, wenn eine Aids-kranke Dirne ihren wohlsituierten Freier auf Geschäftsreisen willentlich anstecken, wenn ein Aids-kranker Schwuler die Frauen oder bisexuelle Männer bestrafen, sein Unglück weitergeben will? Küsse, Bisse, Risse – im nachhinein konnte jede Begegnung tödliche Abgründe bergen. Vorstellungen von Rache und Vernichtung, Phantasien von Selbstaufgabe und Untergang entwickelten ein untergründiges Eigenleben, das sich am hellen Tage als Sorge ausgab, Sorge um die lieben Nächsten und um die Gesamtheit. Die Diskriminierung von Außenseitern schlug zurück in der Angst vor den Außenseitern. Und wie im vorigen Jahrhundert die Syphilis die Sexualität abwehrenden Gedanken beherrschte und Damen gerade der prüden bürgerlichen Gesellschaft einen regelrechten Geschlechtskrankheitswahn entwickelten, so taugte in den letzten Jahren Aids zur Selbstbestrafungsphantasie für die eigene Unreinheit, Triebhaftigkeit, als Geißel für Schwäche und Schuldgefühle. Doch mit den aufgewühlten Emotionen und der inneren Panik blieb jeder Mensch allein, denn mit dem Zugeständnis der Furcht war immer auch ein Geständnis über das eigene reale oder innerpsychische Triebleben verbunden. In diese innere Bedrängnis brachte Rita Süßmuth die Erleichterung pragmatischen Vorgehens und klarer Worte.

Sie wurde zur ersten medialen Streetworkerin der Nation. Sie ging zwar nicht wie die »Heilige Johanna der Schlachthöfe« und deren Heilsarmee dorthin, wo Sünde und Elend zu Hause waren, um das Kreuz aufzurichten, ihre Botschaft war die Vernunft, und die wies Wege aus der Angst. Freiwillige, anonyme Tests konnten jeden zumindest der quälenden Unsicherheit entheben, und somit dienten sie hauptsächlich der Beruhigung der Nicht-Risikogruppen. Durch die massenhafte Propagierung von Kondomen entlarvte sich auch nicht jeder Träger als möglicherweise infiziert, sondern stellte sich als verantwortlich handelnd dar. Durch Aufklärung in den Schulen und im Fernsehen enthob Rita Süßmuth die Eltern, über dieses für viele peinliche Thema selbst zu reden oder bloße Moral zu propagieren. Und dadurch, daß die ehrbare Ministerin die häufig schamhaft umschriebenen Sachverhalte beim Namen nannte, ermöglichte sie in der Bevölkerung Sprachfähigkeit über verschiedene Formen von Sexualität, über Ansteckung und Schutz davor.

Das *Spiegel*-Titelbild vom 9.2.87 zeigte eine vollständig in durchsichtiges Gummi verpackte Rita Süßmuth: die leibhaftig verkörperte Pariser-Werbung. »Safer sex – das Kondom schützt« hieß es in der dazu laufenden Kampagne des Bundesgesundheitsministeriums; bei jedem kondomverpackten Mann wäre die Reaktion gewesen: der hat's wohl nötig. Über einen in Gummi geschnürten Kanzler Kohl oder einen in Plastik eingezwängten Franz-Josef Strauß hätte sich die Republik ausgeschüttet vor Lachen. Bei Rita Süßmuth verlor sich der Witz in der Doppelung. Erschien sie nicht den Bundesbürgern sowieso uninfizierbar, geschützt und unberührbar? Daß sie sich persönlich dieses Titelbild leisten konnte, spricht Bände über ihre Reputation. Die Polemiken gegen ihre Politik wurden denn auch ausschließlich unter dem Verdikt der Naivität und der Blauäugigkeit geführt: »Blind vor Mitleid« lautete die Überschrift eines Artikels im *Rheinischen Merkur* (28.8.87), der sich mit Rita Süßmuths Aidspolitik befaßte. »Lebensgefährliche Kurzsichtigkeit« bescheinigte ihr die *FAZ* (21.2.87), an »Windmühlenkämpfe erinnere ihre Verteidigung der Aufklärung« (25.5.87). Auch der *Spiegel* räumte ihrem Kontrahenten Gauweiler: »Die bisherige Strategie der Bekämpfung von Aids ist gescheitert« immer wieder Platz ein, seine durchgreifenden Maßnahmen vorzustellen. In letzter Instanz richteten sich die Angriffe immer gegen ihren Appell an die Eigenverantwortung der Menschen. Die konservative Front teilte sich: Die einen riefen nach der starken (männlichen) Hand des Staates, der die Gefahrenherde erfassen und unschädlich machen sollte, damit sie bedenkenlos so weiterleben konnten wie bisher. Die anderen wollten über die Aidsangst die Zurückdrängung der Promiskuität und die Wiedergewinnung althergebrachter Moral erreichen. Erstere forderten die namentliche Meldepflicht von Aids-Infizierten, letztere rannten Sturm gegen die Propagierung von Kondomen als Schutz vor der Ansteckung. Häufig, aber nicht immer, wie die Äußerungen von Peter Gauweiler belegen, der eben nicht gegen Promiskuität, um so mehr gegen die Infizierten zu Felde zog, verbanden sich beide, die Propagandisten vom starken Staat der Gesunden und die Propagandisten von Tradition und konservativer Moral. Die kühle Antwort von Rita Süßmuth auf die Frage, ob eine Aids-infizierte Prostituierte nicht aus dem Verkehr gezogen und überwacht werden müsse, erschütterte die Landser des Male-Chauvinismus wie auch die Ritter der Doppelmoral gleichermaßen: »Konsequenterweise müßte ich dann ja alle Freier überwachen und dem Gesundheitsamt vorführen. Ich bin weiß Gott keine Anwältin der Prostitution, aber ich wehre mich gegen ungleiche Rechtsbehandlung.« Gleichbehandlung von Nutten und ihren Freiern? Da bricht ja eine Welt zusammen!

Die Bischöfe rannten Sturm gegen die Safer-Sex-Kampagne und qualifizierten sie als »Aufforderung zu sexueller Freizügigkeit«, aber Rita Süßmuth, immerhin im Vorsitz des Zentralkomitees der Katholiken, hielt ihnen, nicht immer ohne Zögern und verbale Zugeständnisse, ein realistisches modernes Weltbild und die Frage entgegen: »Wie leben wir mit Aids-Erkrankten und -Infizierten? Eine Antwort hätte ich wirklich gern von den Bischöfen, was sie ihrerseits den Betroffenen sagen würden.« Denn was sollten letztendlich die Risikogruppen, die Prostituierten, die Fixer, die Homosexuellen, mit der Forderung nach ehelicher Treue anfangen? So weit, für letztere die eheliche Gemeinschaft zu erlauben, gingen die Bischöfe ja schließlich nicht. Keineswegs erlebten die wirklich Gefährdeten christliche Barmherzigkeit und die Verteidigung ihrer Belange, das Interesse der Kirchenvertreter orientierte sich an der bloßen Stärkung ihrer Institution.

Anfänglich setzten die Bischöfe durch, daß die Bundeszentrale für gesundheitliche Aufklärung, die Rita Süßmuth unterstand, keine Werbung für den Gebrauch von Kondomen machen durfte. Je höher aber das Medienwunder Rita Süßmuth in der Beliebtheitsskala der Bevölkerung stieg, desto unangreifbarer wurde auch ihre Vorgehensweise. Und im Mai 1988 konnte sie auf einer Pressekonferenz verkünden: »Die Aids-Panik ist ausgeblieben, 64% der Bevölkerung ist gegen eine Isolierung von Aids-Kranken.« Das war der Sieg.

Und noch ein Faktor begünstigte den Erfolg von Süßmuths Politik der Aufklärung und des Appells an die Eigenverantwortlichkeit über die Politik der Repression und der Ausgrenzung: Der Umstand, daß sich der Kampf zweier Linien unter den christlichen Schwesternparteien abspielte und somit nicht zur Profilierungsmasse zwischen dem konservativen und dem linken Lager taugte. Die Ängste und die archaischen Vernichtungswünsche gegen diejenigen, von denen die Bedrohung ausgeht, fanden in Gauweiler einen zu martialischen, der CSU-Kultur verbundenen Ausdruck, als daß sich Wähler anderer Parteien darauf einlassen konnten, selbst wenn sie in der Sache einer Meinung waren. Der sozialdemokratische Betonkopf aus dem Ruhrgebiet mochte vielleicht davon reden, alle Aids-Infizierten in ein Internierungslager zu stecken, aber wenn der Erzfeind CSU dafür steht, verstummt er doch. Daß der Damm der Vernunft von der CDU, durch die Person der Ministerin Süßmuth gefestigt wurde, bedeutete für die Sozialdemokraten eine zivilisierende Herausforderung. So bot auch der SPD-Abgeordnete Ernst Waltemathe 1987 Süßmuth die Unterstützung seiner Fraktion gegen die CSU an, und entpolitisierte somit den Konflikt. Das war ein Glück. Man stelle sich nur vor, wie heftig die Auseinandersetzungen über die richtige Politik, wie groß die Verführung zur Emotionalisierung des Themas gewesen wären, hätte die CDU/CSU auf den Oppositionsbänken gesessen und ein SPD-Minister für die Aidspolitik verantwortlich gezeichnet.

Damals ergriffen nur wenige christdemokratische Politiker, wie Alfred Dregger, vorsichtig Partei für Gauweiler, die meisten hielten sich abwartend zurück oder unterstützten zögerlich Rita Süßmuth. In einer anderen Parteienkonstellation wäre die Verführung zu telegener Kraftmeierei mit Sicherheit unwiderstehlich gewesen. So aber konnte sich Süßmuth letztendlich auf einen großen, parteiübergreifenden, gesellschaftlichen Konsens gegen den schwarzen Peter stützen.

Und nicht nur das, unwillentlich wurde Gauweiler auch sehr konkret ihr Helfer. Durch sein permanentes Panikschüren blieb das Thema bedrohlich im Bewußtsein, und Rita Süßmuth bekam viel Geld für Aufklärungskampagnen, Beratungen und die Propagierung und Durchführung von freiwilligen Tests. Das Bundesgesundheitsministerium hat Gauweiler regelrecht als Joker eingesetzt zur Durchsetzung der eigenen Politik. Im Ministerium wurde zu Beginn der Aidskrise vernehmlich, aber vage nachgedacht über die Möglichkeit von »Schleppnetzfahndungen« gegen mögliche Infizierte, die sich nicht testen lassen wollten. Sofort prote-

stierten die Gesellschaft für Sexualforschung, die Gesellschaft für Dermatologie, für Virologie, etc.., daß diese Strategie nicht nur inhuman, sondern auch sinnlos sei. Somit war klar, daß die Bayern, die das Seuchengesetz anwenden wollten, allein dastanden. Sie wurden weder von den Wissenschaftlern noch den Ärzten unterstützt.
Ein anderer Schritt war ähnlich erfolgreich. Rita Süßmuth wußte, daß sie zur Beruhigung der Öffentlichkeit den Beistand von Spezialisten und Wissenschaftlern brauchte. Und da sie das traditionell hierfür vorgesehene Gremium, eine Enquete-Kommission des Deutschen Bundestags, nicht »bayernfrei« halten konnte, gründete sie einen Nationalen Aids-Beirat, der mit Wissenschaftlern und Spezialisten ihrer Richtung besetzt war. Dieser trug ihre Strategie mit, die Deutsche Aids-Hilfe, eine Selbsthilfeorganisation hauptsächlich von Homosexuellen, zum Partner aller Gesundheitsorganisationen zu machen. Das ging nicht ohne Polemiken gegen ihr Vertrauen in die Homosexuellen ab, dennoch konnte sie sich auf die Autorität dieses Beirats in kritischen Situationen immer berufen.

Die Aids-Panik ist abgeklungen, der befürchtete, von Gauweiler in grellsten Farben an die Wand gemalte Einbruch in die heterosexuelle Welt ist weitgehend ausgeblieben. Bei den Homosexuellen geht die Zahl der Erkrankungen leicht zurück, bei den Fixern ist die Situation unübersichtlich, der Trend eher steigend. Der Fürsorge für Infizierte und Kranke wird von Süßmuths Nachfolgerin, Ministerin Lehr, nicht viel Aufmerksamkeit gewidmet, die normale ausgrenzende Gleichgültigkeit gegenüber Außenseitern und Notleidenden hat sich wieder durchgesetzt. Aufklärung wird fast ausschließlich als Prophylaxe für Heterosexuelle weitergeschoben. Die Gesellschaft ist in Gleichmut versunken, business as usual, und das um so mehr als auch die zwei Protagonisten der Aids-Krise, der Möchtegern-Held Peter Gauweiler und die »weiße Frau« (wie Klaus Theweleit diesen Typus der reinen schwesterlichen Helferinnen in seinem Buch »Männerphantasien« nennt), Rita Süßmuth, beide für die Auseinandersetzung nicht mehr zur Verfügung stehen.

»In der Aids-Krise hat Rita Süßmuth für die Beibehaltung einer zivilen, toleranten Haltung den Ausschlag gegeben.« In den unterschiedlichsten politischen Ecken hört man die gleiche Meinung: »Hätten wir einen anderen Minister gehabt, hätte sich durchaus die bayrische Linie durchsetzen können.« Und nach dem Abklingen der Panik hieß es aufatmend und selbstzufrieden in den liberalen Medien: »Der Damm der Zivilisation hat gehalten«. Rita Süßmuth – die Bewährungshelferin der Nation?

I. Die Person

DIE VATERTOCHTER

Teenies hassen gewöhnlich verständnisinnige Lehrer und die Vorbilder der Erwachsenen. Für die rotzige Popband »Die Ärzte« verkörpert sich alles, was sie verabscheuen – Vernünftigkeit, Feminismus, christliche Moral – in Rita Süßmuth, Alice Schwarzer und Mutter Theresa. Dieser für sie ekelhaften weiblichen Dreifaltigkeit werden in einem ihrer Songs »Mädchen, Mädchen, Mädchen überall« entgegengesetzt, also die Lust, das Abenteuer, das Erlebnis. Rita Süßmuth gilt ihnen als die Inkarnation penetranter aufgeklärter moderner Pädagogik schlechthin.

Der Besudelungsdrang der »Ärzte« stellt allerdings nur die Kehrseite von Rita Süßmuths ungeheurer Popularität dar. Sie erscheint einerseits ungeheuer sympathisch, verständig, zugänglich, andererseits will sie mit ihrer in der Politik so seltenen »Glaubwürdigkeit« nicht unmittelbar Punkte für die eigene Person machen. Sie legt sich immer für »das Gute und Vernünftige« ins Zeug. Eine unerschütterliche Gesprächsbereitschaft hat ihr die Zuneigung der meisten Bundesbürger und vor allem der Bürgerinnen, und eben auch die Abscheu motziger Punkrocker eingetragen. Welche persönlichen Eigenschaften befähigen Rita Süßmuth, eine so mühsame Rolle zu spielen? Woher rührt diese scheinbar unerschöpfliche Energie der Einzelkämpferin, als beharrliche Moderatorin gesellschaftlicher Konflikte zu wirken? Welche Lebenserfahrungen tragen diese erstaunliche Karriere?

Auf dem Landesparteitag der CDU in Hannover im Oktober 1989, kurz nach dem halbherzigen Putsch von Geißler, Späth, Süßmuth und Gefährten erwähnt Helmut Kohl bei seinen Elogen auf die anwesenden Bundespolitiker so deutlich Rita Süßmuth mit keinem Wort, daß die schallende Ohrfeige niemandem entgeht. Sie jedoch tritt, klein und zierlich, ans Rednerpult und wünscht Kohl artig Glück für die Bundestagswahl. Eine Demonstration von Gehorsam, so wird es in Hannover empfunden.

Bonn, ein knappes Jahr später. Größer als die Bundestagspräsidentin selbst ist die feierliche Deutschlandfahne mit der schweren goldenen Bordüre, die in einer Ecke ihres Büros steht. Sie stört aber keineswegs das ungezwungene Gespräch. Wir hätten uns auch in einem Café treffen können, wenn nur der israelische Botschafter nicht schon im Vorzimmer wartete, wenn sie später nicht nach Berlin fliegen müßte, wenn sie abends nicht noch eine Veranstaltung in Leipzig hätte... Ihr kleines Büro sieht aus wie ein vollgestopftes Wohnzimmer, dunkelrote Plüschsessel, ein riesiger Schreibtisch, Bücher, Bilder, Nippes, sogar die Fahne steht da wie ein in Ehren gehaltenes Souvenir.

Nach fünf Minuten bin ich Opfer des Süßmuth-Effekts: Der Hang zur Negation und die Lust an der Provokation sind durch die Offenheit, die Verständigungsbereitschaft und das Engagement der Bundestagspräsidentin lahmgelegt. Sympathie breitet sich schneller aus als Abwehr gegen die Eingemeindung. Sie redet mit Nachdruck, doch leise, als ob ihre Stimme, immer kurz davor zu brechen, den Ausdruckswillen nicht trüge. Sie hilft nach durch Augenkontakt, sparsame Gesten und vor allem durch eine ungebrochene Ernsthaftigkeit. Unwillkürlich erinnert die Parlamentspräsidentin an eine gut erzogene, aber überaus engagierte Studentin der außerparlamentarischen Opposition. Das entwaffnet.

Aus allem, was in den letzten zwei Jahrzehnten an Protestbewegungen, an radikalen Neuerungen und sozialen Experimenten die Bühne der Medien besetzt hielt, hat Rita Süßmuh das Populär-Moralische, das Vernünftige und Machbare herausdestilliert, aufgenommen und sich zu eigen gemacht. Den Triebkräften des Aufbruchs aber, der Lust, biographische, soziale und politische Fesseln zu zerschlagen, dem Rausch, dieses Land in Bewegung zu setzen, stand sie fern. Und auch mit dem feministischen Aufbruch hatte Rita Süßmuth wenig zu tun, dem provokativen Auszug der Frauen aus den männlich dominierten Gruppen der Studentenbewegung, der Entdeckungsfahrt ins unbestimmt Neue, den Walpurgisnachtdemonstrationen (»Frauen erobern die Nacht«). Statt dessen ist sie zur Verwalterin des reformerischen common sense der abflauenden Bewegungen geworden.

»Was ist von der Studentenbewegung geblieben?« – fragte ein Journalist im März 1988. »Rita Süßmuth«, antwortete Jürgen Habermas. Was ist von seiner Kommunikationstheorie des rationalen, aufklärerischen Diskurses geblieben? – könnte man auch fragen, und die Antwort wäre die gleiche. Habermas' Kommunikationstheorie, überall anders zu unerträglichem Wortgeklapper verkommen, hier, im Zimmer der Bundestagspräsidentin, führt sie ein idealisches Leben: Die Themen sind konkret, die Lösungsvorschläge auch, der Stil ist offen und aufmerksam, es ist schwer, sich ihrer Art zu entziehen.

Das Verhältnis zur Dritten Welt, die Arbeitlosigkeit in der DDR, die Probleme der Frauen dort, das ökonomische

Desaster der Sowjetunion..., für Rita Süßmuth ist die Welt voller Herausforderungen. Je mehr sie sich gebraucht fühlt, je mehr Aufgaben sie sieht, desto stärker die Spannung, die ihr Lebenselixier ausmacht. Vier, fünf Stunden Schlaf sind völlig genug, gegen elf Uhr nachts, auf der Fahrt nach Hause, werden noch Akten studiert, auf dem Weg ins Büro morgens um sieben ebenfalls. Wochenends gibt's Tagungen, Wahlveranstaltungen, etc... Eine Frau unter Strom und damit zufrieden.

»Jeder, der einige Jahre die Machtkämpfe in der »Jungen Union« mitgemacht hat, hat bereits seine Leiche im Keller«, erzählt ein CDU-Abgeordneter und nimmt die Tatsache hin wie ein Mann. »Aber Rita Süßmuth nicht, die ist eben das ganz Andere.«

1937 wird Rita Kickuth in Wuppertal geboren. Der Vater kommt aus einer katholischen Arbeiterfamilie und wird Rektor einer Volksschule, die Mutter entstammt einer katholischen Handwerkerfamilie und war »eine intelligente und aufgeschlossene Frau, die nichts vom traditionellen Klischee einer Hausfrau verkörperte«.

Rita ist die älteste Tochter und versorgt den Haushalt und die vier Geschwister, da die Mutter oft krank ist und unzufrieden. Dem Vater steht der Sinn nach Bildung, der Mutter dagegen nach den Luxusgütern dieser Welt. Bald gibt es in der nicht gerade hochbegüterten Volksschulrektorsfamilie ein Musikzimmer mit einem Flügel und anderen Instrumenten, ein Mahagonischlafzimmer, ein sog. Herrenzimmer, Marmorwaschbecken... Die Tochter beginnt, all »diese materiellen Dinge« zu hassen. Schmuck mag sie bis heute nicht, und Sparsamkeit hat sie notgedrungen gelernt.

Eine Kindheit und Jugend in der Spannung zwischen den »wahren« und den »falschen« Werten, und auf jeden Fall aufstiegsorientiert. Der Vater will, daß sie lernt, daß aus ihr was wird. Sie widersetzt sich eher störrisch.

Sie will Krankenschwester werden, das hat sie schließlich bei der Pflege der Mutter gelernt, doch der Vater fordert sie auf zu studieren. Sie will Lehrerin werden, das hat ihr der Vater vorgelebt, doch nach dem Examen in Romanistik und Geschichte an den Universitäten von Münster, Tübingen und einer Zeit als au-pair-Mädchen in Paris drängt der Vater sie weiterzumachen. Wieder gibt sie nach und studiert Erziehungswissenschaften, Soziologie und Psychologie und wird 1964 zum Dr. phil promoviert. Inzwischen hat auch sie die Aussicht auf eine Karriere gepackt. Von ihrem Romanistik-Professor gefragt, ob sie nicht bei ihm promovieren wolle, lehnt sie nach einigem Zögern mit der Begründung ab: für Frauen sei es in diesem Fachgebiet schwer, Professor zu werden, in der Pädagogik sei das leichter.

Ihr Vater ist dagegen, daß sie überhaupt heiratet. Er stirbt 1964, und im selben Jahr heiratet sie ihren Freund, den späteren Geschichtsprofessor Hans Süßmuth, den sie schon seit neun Jahren, vom Gymnasium her kennt. »Wir sind ein Paar, das sich über die gemeinsame Arbeit nähergekommen ist,« erzählt sie. Zwei Jahre später wird die einzige Tochter geboren.

Als sie bei ihrer Bewerbung als Universitätsassistentin 1965 gefragt wird, wie sie als Frau diese Tätigkeit denn ausfüllen wolle, wenn sie ein Kind bekäme, kommt sie zum ersten Mal handfest mit Frauenbenachteiligung in Berührung. »Das würde ein Mann doch nie gefragt werden«, die Empörung sitzt tief. Aus dieser Erfahrung, daß man sie an Beruf und Aufstieg aufgrund sozialer Rollenzuweisungen hindern will, speist sich viel von ihrem frauenpolitischen Elan. Fünf Jahre später ist sie Professorin für Erziehungswissenschaften an der pädagogischen Hochschule Ruhr.

Es ist eine ordentliche, arbeitsame, bildungsbürgerliche Ehe, die Rita Süßmuth mit ihrem Mann führt, von den Stürmen der Studentenbewegung, den Infragestellungen von Familie, Arbeit, überhaupt der ganzen bundesrepublikanischen Gesellschaft, von der Lust am Aufbruch und an der Kritik kaum berührt. »Alles, was andere Politikerinnen für sich geltend machen können, z.B. immer schon sehr entschieden und klar gewesen zu sein in den politischen Positionen, kann ich für mich nicht geltend machen. Das richtige gesellschaftliche Wachwerden fand erst um mein 34./35. Lebensjahr statt.« Da beginnt die Frauenbewegung von sich reden zu machen, in den kommenden Jahren besetzt sie die Straßen, die Medien, die Politik, die Seminare. Rita Süßmuth greift die Themen pädagogisch und wissenschaftlich auf, mehr noch: Die wuselige, antihierarchische Bewegung wird das solide Fundament ihres kometenhaften Aufstiegs.

Wenn die radikalen Veränderer und die Prediger des Status quo ihren Schlagabtausch via Polemiken, Grobheiten und Straßenschlachten beendet haben, schlägt gemeinhin die Stunde der Vermittler, Integration ist angesagt. Zur Organisatorin der Synthese wird Rita Süßmuth. In katholischen und sozial engagierten christdemokratischen Kreisen bewegt sie sich sicher zwischen Tradition und Neuorientierung. Als Vermittlerin moderner Sichtweisen in konservativen Milieus macht sie sich einen Namen. Und sei es erstmal nur – wie Werner Remmers, christdemokratischer Ex-Umweltminister in Niedersachsen sich erinnert – über die Publikation eines zahmen Artikels zum Thema voreheliches Sexualverhalten von Jugendlichen in einem katholischen Blatt; der Artikel mißfällt den Bischöfen und löst tatsächlich Kontroversen aus, während zu der gleichen Zeit in allen Ecken und Enden dieser Republik über freie Liebe, Doppelmoral, die Abschaffung der Ehe und die Wahrhaftigkeit in den Beziehungen debattiert wird.

Rita Süßmuth hat ihre Traumposition gefunden, sie hat

Teil an der Frauenbewegung, aber sie muß ihrer Parteilichkeit wegen den eigenen bürgerlichen Verhaltenskodex nicht aufgeben, sich anderen Lebens- und Umgangsformen nicht aussetzen. Die Randlage goutiert sie durchaus, dafür aber will sie geachtet, nicht ausgegrenzt werden.

Die Anerkennung läßt denn auch nicht auf sich warten, Posten und Funktionen häufen sich: 1977 wird sie Mitglied der Dritten Familienberichtskommission, 1980 Vizepräsidentin des Familienbundes der Deutschen Katholiken, 1982 Mitglied des Bundesjugendkuratoriums, 1982 ebenfalls Vorsitzende der Kommission »Ehe und Familie« beim Zentralkomitee der Katholiken, 1984 Vorsitzende der siebten Jugendberichtskommission...

Wie das Leben so spielt, sitzt die Vermittlerin meist auf zwei Stühlen gleichzeitig. Rita Süßmuth versucht, diese unbequeme Position innovativ zu gestalten, wobei ihre berühmte dialektische, Konservativismus und Feminismus synthetisierende Formel der »Vereinbarkeit von Beruf und Familie« entsteht. Doch irgendwann muß auch ihr bewußt geworden sein, woher die Überzeugungskraft ihrer Argumente im Grunde stammt. Der Frauenbewegung und der feministischen Theorie kann sie sich immer weniger entziehen.

1981 beschließt die CDU, daß es Zeit sei, der feministischen Bewegung und Forschung etwas Eigenes entgegenzusetzen. In Hannover wird das Forschungsinstitut »Frau und Gesellschaft« eingerichtet, dessen Leitung Rita Süßmuth 1982 angeboten wird. Es ist das erste Institut für Frauenforschung in der Bundesrepublik, das mit öffentlichen Geldern finanziert wird.

Von vorneherein steht das Institut im Konflikt, da die Geldgeber, das Land Niedersachsen und das Bundesfamilienministerium, den Kurs mitbestimmen wollen. Rita Süßmuth verteidigt die Unabhängigkeit des Hauses ziemlich erfolgreich und lehnt Serviceleistungen für die Regierung Albrecht im Prinzip ab. Zwar kommt einmal im Monat die Ministerpräsidentengattin Heide Adele Albrecht zu Tee und Plätzchen hereingeschneit, um landesmütterliches Interesse zu bekunden, aber das stört die Arbeit weiter nicht. Auch die Plakate von Clara Zetkin und Rosa Luxemburg, die den Flur schmücken, bleiben friedlich hängen.

Zu Anfang wird das Haus von feministischen Wissenschaftlerinnen heftig als »CDU-Institut« angegriffen. Der Konflikt entzündet sich unter anderen an den Begriffen Betroffenheit und Parteilichkeit für Frauen. Kann man davon überhaupt reden, wenn in dem Institut »Frau und Gesellschaft« auch Männer in der Frauenforschung arbeiten? Viele Wissenschaftlerinnen weigern sich, dort Einladungen zu Symposien und Veranstaltungen Folge zu leisten. Rita Süßmuth wird mit einer Situation konfrontiert, in der sie einmal nicht die schöne innovative Rolle spielen kann, sondern im Gegenteil hart angegangen wird als kompromißlerisch und oberflächlich. Man merkt ihrem Plädoyer für allgemeine Toleranz gegenüber den verschiedensten Forschungsansätzen an, daß ihr Engagement nicht so sehr aus eigenen Erfahrungen heraus entstanden ist, sondern aus Einsicht und Interesse und aus moralischer Entrüstung über Ungerechtigkeiten, denen Frauen generell ausgesetzt sind. Mit Ausdauer, Zähigkeit und Überzeugungskraft will sie dem »Guten« zum Durchbruch verhelfen. Beschwörend ist denn auch ihr Appell im ersten Informationsheft des Instituts: »Für Aus- bzw. Abgrenzungen oder gar für Diskurs-Verweigerung gibt es keine Legitimation«, und: »›Fortschrittliche‹ Frauenpolitik und Frauenforschung sind kein ›Besitzstand‹ einzelner Parteien und lassen sich nicht schablonenhaft zuordnen.«

In diesem auf CDU-Initiative hin gegründeten Fraueninstitut sind die fünfeinhalb wissenschaftlichen Stellen von sozialdemokratischen und unabhängigen, eher gewerkschaftsorientierten Wissenschaftlerinnen und Wissenschaftlern besetzt. CDU-Mitglied ist niemand. Die Personalpolitik hat Rita Süßmuth in der Hand.

Es ist ein kleines intimes Institut, den Beschäftigten wird weitgehend freie Hand gelassen. Rita Süßmuth hat neben ihren vielen anderen Funktionen gar keine Zeit, ständig anwesend zu sein, aber »sie wußte immer Bescheid über alle Kinder«, erinnert sich die wissenschaftliche Mitarbeiterin Uta Brandes. Wissenschaftliche Mitarbeiter, die zwei Kinder haben, können zu Hause arbeiten, für sie gibt es einen Extrakalender über ihre Anwesenheit. »Das hat Ärger mit dem Sozialministerium gegeben, denen wir faktisch z.T. zuarbeiten mußten, die Beamten erklärten das für nicht ordnungsgemäß«, erzählt die frühe Sachbearbeiterin Frau Reimann. »Aber Frau Süßmuth hat eine Art, jemand für sich und die Sache einzunehmen, daß man gar nicht widerstehen kann. So hat sie auch die Zeitflexibilität durchgesetzt.«

In der Forschungsausrichtung, im Umgang miteinander und mit der Arbeitszeit versucht Rita Süßmuth das Institut zu einem Pilotprojekt ihrer politischen Vorstellungen zu machen. Vereinbarkeit von Beruf und Kindern, Anerkennung der Erziehungsarbeit, wo soll das realisiert werden, wenn es nicht zumindest in einem solchen Zusammenhang durchgesetzt werden kann? Das hatte auch den Nebeneffekt, »daß man sich sehr weitgehend mit ihr und der Arbeit identifizierte, so haben wir auch manchmal nach Feierabend und am Wochenende gearbeitet.« (Frau Reimann)

Als im Spätsommer 1985 Rita Süßmuths Berufung zur Ministerin verkündet wird, sind die Mitarbeiterinnen und Mitarbeiter des Instituts verblüfft. Daß Rita Süßmuth in der

CDU ist, hat niemand gewußt. 1981, so steht es zu lesen, ist sie der Partei beigetreten.

Wie bringt nun Rita Süßmuth, die beharrliche Propagandistin der bestrickenden Formel der »Vereinbarkeit von Beruf und Familie«, selbst ihre vielen Tätigkeiten und ihre Familie unter einen Hut? Möglicherweise hat sie das Modell dazu aus ihrer eigenen Professoren-Ehe gewonnen, die viel Gestaltungsfreiheit zuläßt, was Zeiteinteilung und Einkommen betrifft. »Es waren ja immer dieselben Aufgaben und Themen, mit denen ich zu tun hatte«, erklärt sie die Arbeitsbelastung weg, »nur eben in verschiedenen Organisationen. Das eigentliche Neuland war erst die Politik.«

Neuland! Die Politik wird zum lang ersehnten Abenteuer. Mit aller Hingabe stürzt sie sich hinein. Ihre Energien fließen leicht und beständig, sie ist mit sich selbst im reinen, es gibt keine widerstrebenden inneren Interessen und Konflikte. Rita Süßmuth macht das, was der Vater sich von ihr erhofft hat: Sie soll weiterkommen, sie soll nicht stehenbleiben, sie soll ihrem Leben Sinn geben. Und sie hat das, was die Mutter sich immer gewünscht hat: soziale Sicherheit, Geld, Prestige. Auch das gewöhnliche Mitläufertum der Eltern im Dritten Reich versucht sie gutzumachen. Nach ihrem Besuch in Auschwitz zusammen mit dem Vorsitzenden der jüdischen Gemeinde Galinski, erklärt sie, daß sie jetzt genau wisse, warum sie Politik mache.

All ihre Erfahrungen werden zum Motor für neue Aktivitäten. Ihr Ehemann wird ihr erster Helfer, die Tochter die erste Kritikerin, alle Mitarbeiter werden eingemeindet in die große Aufgabe, in Deutschland eine zivile Gesellschaft zu errichten und zu stärken. Vernunft und Solidarität sind ihre Ideale. Das moralisch und gesellschaftlich Richtige und ihre Person sind für Rita Süßmuth eins. Bei ihr gibt es keine »Leichen im Keller«, so wenig wie es je Brüche, Rebellion und Aufstand gab. Das Leben scheint auf einen klaren, mit sich und der Welt harmonisch übereinstimmenden Punkt gebracht – wenn da die Brüchigkeit ihrer Stimme nicht wäre. Die zeugt, bei aller Willenskraft der Person, von viel lebensgeschichtlich erzwungener Zurücknahme, Anspannung und Vorsicht. In all ihrer Teilnahmefähigkeit, Tüchtigkeit und Klugheit agiert sie wie auf einer Studiobühne, und im Parkett sitzt der Vater und gibt die Anweisungen, entsprechend der »Hamburger Dramaturgie« des humanistischen Aufklärers Lessing.

Jetzt sind wir beim Thema. Was Männer meist schamhaft verschweigen und in grandiosem Selbsterschaffungswahn überspielen, nämlich die Prägung durch die Eltern, Rita Süßmuth verleugnet es im privaten Gespräch keineswegs. Sie ist die kluge, fleißige, bemühte Vater-Tochter.

Dem Schreibtisch gegenüber hängt ein Bild von Konrad Adenauer. Der Maler hat »dem Alten« einen clownesken, hintergründig lachenden Gesichtszug beigegeben. Ein freundlicher, sympathischer Kanzler, in bunten Farben und moderner Strichführung, aber eben kein Bild der christdemokratischen Gründermutter der Bundesrepublik, Elisabeth Schwarzhaupt.

II. Das Konzept

DIE SANFTE REVOLUTION

Bemerkenswert: Neuerdings scheint die autonome Frauenbewegung erstaunlich viel mit der Frauen- und Familienpolitik der CDU gemein zu haben. Entspricht modernisierter Konservativismus plötzlich eher dem radikalen Feminismus als fortschrittlicher Sozialdemokratismus? Es muß doch mit dem Teufel zugehen, wenn so gut begründete Grenzziehungen und abgehärtete Feindbilder ins Tanzen gekommen sein sollten: ungehörige Partnerwahl, ungeübte Schritte.

Die Ehe und die heile Familie sind seit jeher und so auch heute ein Kampfbegriff der konservativen Parteien, ein Mittel zur ideologischen Abgrenzung gegenüber den Linken und Libertären. Natürlich stellt sich Landesvater Rau genausogern dem Wahlvolk als glücklicher Familienvater dar wie sein Herausforderer Blüm, aber nicht erst seit August Bebel betont die freiheitliche Linke das Glück und die Wahrhaftigkeit in den Beziehungen vor ihrer Haltbarkeit und Dauer. »Die Unauflöslichkeit der Ehe« – den Konservativen und Christen Ausdruck höchster Moral, wird in der Wahrnehmung der Linken und der Feministinnen zur Unmoral schlechthin, wenn die Liebe die Verbindung nicht mehr trägt, und Ablehnung, Gleichgültigkeit oder Unglück an ihre Stelle treten. So war auch die Einführung des Zerrüttungsprinzip bei Ehe-

scheidungen ein sozialdemokratischer Grundsatz, während die Union an der Schuldfrage festhalten wollte.
Ungeachtet der juristischen Entwicklung geht es heute bei Fragen von Ehe und Familie weniger um Recht und Gesetz denn um Ideologie und politische Identität. Was soll also diese konservativ-feministische Gemengelage?

Andererseits sollte das nicht zu vorschnellem Befund verleiten. Die Personen und Traditionen, die die jeweiligen Lager bestimmen, sind schließlich die gleichen geblieben. So einfach lassen sich die Differenzen zwischen den links-libertären Frauen der Bewegung und aus den Grünen und den autoritären Machtpolitikern der Christdemokraten nicht verwischen. Trotzdem gibt es diese christdemokratisch-feministischen Gemeinsamkeiten. Der Schlüssel liegt in dem Satz, den Bundespräsident Richard von Weizsäcker ebenso beiläufig – wie bei genauem Zuhören atemraubend – dem TV-Publikum in seiner Weihnachtsansprache 1987 bescherte: »Es kommt jetzt darauf an«, so der Präsident vor steifem Gobelin, »daß sich die Arbeitswelt der Familie anpaßt und nicht die Familie der Arbeitswelt.« Ist es von da noch weit zu den schönen frühkommunistischen Visionen eines Karl Marx: morgens Fischer, nachmittags Vater, abends kritischer Kritiker?
Doch was Weizsäcker der Fernsehgemeinde zur Zeit der christlichen Besinnung an Revolutionärem zumutete, provozierte weder einen Aufschrei des Entsetzens noch des Entzückens. Kein Widerhall auch bei den Frauen. Der deutsche Bundesbürger wie auch die Bürgerin nehmen umstürzlerische Bemerkungen in Predigten inzwischen gelassen hin, vielmehr, sie nehmen sie noch nicht einmal zur Kenntnis. Und doch liegt in dieser präsidialen Bemerkung der Schlüssel zu den ungewohnten Überschneidungen von Lagern und Positionen, die sich vorher bis aufs Messer bekämpft hatten.

Bei den Konservativen waren Frauen der Theorie nach sowieso immer für den Widerschein des Paradieses zuständig, also für das, was sich der Verwertungslogik des Marktes entzieht: Liebe und Gefühl, Unmittelbarkeit und Wärme und die Befriedigung der menschlichen Grundbedürfnisse. Mütterlichkeit, Fraulichkeit, Weiblichkeit – Inbegriffe bürgerlicher Herzensbildung. In der banalen Wirklichkeit verflüchtigt sich diese Idylle meist schnell genug, und die Abhängigkeit von den Männern wird eher erlitten denn genossen. Trotzdem: Als Gegensatz und Komplementarität zur harten, darwinistischen Männerwelt geistert die holde, nur dem/n Lieben verpflichtete Weiblichkeit weiterhin durch die Köpfe.

»Wer nicht ruht und nicht rastet bis auch die letzte Frau ins Erwerbsleben gezwängt ist, schafft eine lückenlose Leistungsgesellschaft. Erwerb ist nicht gleich Emanzipation.« So der damalige Bundestagsabgeordnete und CDA-Vorsitzende Norbert Blüm im Jahre 1980. Was er unter Emanzipation versteht, weiß er wohl selbst nicht so recht, er ließ es zumindest mit diesem apodiktischen »Erwerb ungleich Emanzipation« bewenden.

Indes, auch für Feministinnen geht Emanzipation nicht im Berufsleben auf. Während die Sozialdemokratinnen im Gefolge der Frauenbewegung daran arbeiten, den Frauen den Einstieg ins volle Erwerbsleben durch Quotierung und Frauenförderung zu erleichtern und ihnen Karrieren zu eröffnen, sind viele Frauen schon dabei, Zweifel an dem emanzipativen Sinn acht oder noch mehrstündiger, vor allem lebenslänglicher Berufstätigkeit zu formulieren. Sie wollen sich nicht mit der bloßen Anpassung weiblicher Lebensläufe an die der Männer begnügen. Mit Emanzipation war doch einmal mehr gemeint als Erhöhung von Streß, Mangel an Zeit, Verhärtung und Aushöhlung des privaten

Raums. In der Kritik an diesen Konsequenzen weiblicher Berufstätigkeit trifft sich die Frauenbewegung unvermutet mit den Vorstellungen der Konservativen, die selbst gerade – gewollt oder ungewollt – daran gehen, ihre starren und überholten Frauen- und Familienvorstellungen den veränderten Zeiten und Wählerinnen anzupassen und trotzdem zu retten, was von den guten alten Träumen zu retten ist. So formulierte die CDU 1985 in ihren Essener Leitsätzen, dem neuen Programm zur Frauen- und Familienpolitik, ein Grundmuster, zu dem viele Frauen der feministischen Bewegung – allerdings von einem diametral entgegengesetzten Ausgangspunkt kommend – auch gelangt sind: Flexibilität der Lebensgestaltung statt einseitiger Festlegung auf einen Weg.

In den Essener Leitsätzen hört sich das dann so an: »Christdemokratische Politik will Wahlfreiheit für Frauen und Männer. Sie will die Voraussetzungen dafür schaffen, daß ihnen in der Arbeitswelt, in der Familie und im gesellschaftlichen Bereich die gleichen Möglichkeiten zur Gestaltung ihres Lebens offenstehen.... Eine ganzheitliche Entfaltung der Persönlichkeit wird begünstigt, wenn Jungen und Mädchen in der Familie und in der Ausbildung, wenn Männer und Frauen in Ehe und Beruf die Anforderungen und Bedingungen beider Bereiche erleben... Die CDU tritt für die Gleichberechtigung von Mann und Frau im Erwerbsleben ein, aber sie kämpft ebenso für die Gleichberechtigung zwischen der nicht erwerbstätigen und der erwerbstätigen Frau und Mutter.«

Allerdings gilt angesichts der schönen Worte auch hier: Wer liest schon Parteiprogramme? Damit diese erstaunliche Übereinstimmung zwischen konservativen Modernisierern und radikalen Feministinnen überhaupt wahrgenommen werden konnte, bedurfte es nicht so sehr der rostig knarrenden Verbeugung vor der Frauenbewegung, wie sie in den Leitsätzen vorgeführt wird: »In den letzten Jahrzehnten sind erhebliche Fortschritte zur Durchsetzung der Gleichberechtigung von Mann und Frau gemacht worden. Die Frauenbewegung hat daran einen entscheidenden Anteil.« Vielmehr bedurfte es der Vermittlung, einer Vermittlerin, die überhaupt in der Lage war zu verstehen, wie umwälzend die Beschlüsse ausgelegt werden können, und die dafür die rechten Worte findet. Und noch mehr: Es bedurfte einer Vermittlerin, die mit feministischer Theorie vertraut ist, mit der Lebenspraxis und den ambivalenten Wünschen der jüngeren modernen Frauen.

Rita Süßmuth entpuppte sich als erstaunlich treffsichere Wahl. »Ich habe damals schon gesagt: Die werden sich noch wundern, wen sie sich da eingefangen haben«, lacht Frau Görner, damals persönliche Referentin der neuen Frauen- und Familienministerin, heute im DGB-Vorstand und schon als Studentin mit der Professorin bekannt. Was Frau Süßmuth verkündete, kam objektiv einer gesellschaftlichen Umwälzung gleich: Die Familie, der Konservativen Lieblingskind, läßt sich nach ihrem Befund nur noch erhalten, wenn man die Werte dieser Gesellschaft auf den Kopf stellt, nämlich die Nichterwerbsarbeit (Reproduktionsarbeit) zum Dreh- und Angelpunkt der Gesellschaft macht.

Die Aufklärung und in ihrem Gefolge die politische Linke haben einen Begriff der Gleichheit der Geschlechter durchgesetzt, der, beim Wort genommen, für Abhängige, also Kinder, Alte, Kranke entweder keinen Platz oder nur staatlich oder privatwirtschaftlich organisierte Versorgung zuläßt. Diese Vorstellung nimmt die männliche Normalbiographie, also die volle lebenslange Berufstätigkeit zum Maßstab der Frauenbefreiung. Daran haben die konservativen Männer und Frauen, die so wortreich den Verlust traditioneller Weib-

lichkeit beklagen, einen gewaltigen Teil an Mitschuld. Es war ihr Verständnis von Politik, das die öffentliche Vertretung eigener Belange an berufliche Position und Verfügung über Besitz und Geld bindet. Wer nix ist, hat auch nix zu sagen. Das haben die Frauen gelernt. Ein massenhaftes Zurück an den Herd, wie es den tumberen unter den Konservativen zwar noch vorschwebt, ist längst unrealistisch geworden – die häusliche Idylle hat sich gründlich verbraucht.
Will man die Kinder- und die Altenversorgung nicht hauptsächlich auf den staatlichen oder privatwirtschaftlichen Dienstleistungsleistungssektor abschieben, Liebe und Trennungen, Todesfälle, Geburten und Erkrankungen nicht zu bloßen, schnell wegzuschiebenden Störfällen des modernen Erwerbslebens verkommen lassen, dann gibt es praktisch betrachtet nur zwei Alternativen: radikale Arbeitszeitverkürzung für alle oder flexible Lebensarbeitszeiten, die der Dynamik menschlicher Beziehungen angepaßt sind. Der Erhalt der Familie als Ort, der dem Profit- und Konkurrenzdenken entzogen ist, verlangt heute konkretes »utopisches« Denken. Wer hätte das gedacht?

Also Rita Süßmuth als Ministerin für Utopisches? Das wäre sicher überspitzt formuliert. Sie versucht die Lücke, die zwischen traditionellen Lebenskonzepten und den rasanten Veränderungen der Gesellschaft klafft, durch behutsame Lösungen zu schließen. Einerseits betont sie ihr Anliegen, »daß die Familie eine Zukunft hat.« Andererseits hebt sie hervor, daß diese Familie als Ort der Fürsorge und der Zeit füreinander, viele Nachteile mit sich bringt: in der Rentenversicherung, im beruflichen Fortkommen, im Portemonnaie, bei der Wohnungssuche. Ist es nicht ein Hohn, fragt sie, daß Frauen, die Kinder großgezogen und Familienangehörige versorgt haben, ihren Lebensabend häufig genug mit Sozialhilfe verbringen? Welche Frau und welcher Mann will und kann es sich da leisten, zeitweilig mit dem Beruf auszusetzen, um so mehr als heute kein Verlaß ist auf die Unauflöslichkeit einer versorgenden Ehe. Um die 30% Scheidungen sprechen eine deutliche Sprache. Und Aussetzen im Beruf bedeutet zumeist das Ende jeder Karriere, Teilzeit die berufliche Sackgasse.

Soll also Familie etwas anderes als eine Schlafgemeinschaft in einer Wohung sein, muß auch die sogenannte Nichterwerbsarbeit mit eigenen Anrechten und eigenem Einkommen vergolten werden. Das allerdings bedeutet objektiv die Umkehrung herrschender Werte, denn Einkommen knüpft sich in dieser Gesellschaft an Erwerbsarbeit und nicht an »private« Tätigkeit. »Wir müssen lernen – und dies ist ein revolutionärer Akt in diesem Jahrhundert – innerhalb der Gesellschaft zu einer neuen Bewertung von Erwerbsarbeit und Nichterwerbsarbeit zu kommen«, folgert die Ministerin. Schließlich ist auch die Rentenversicherung ein Generationenvertrag, der Nachkommen notwendigerweise vorsieht. »Wenn wir wollen, daß sich auch künftig Eltern für Kinder entscheiden, müssen wir anerkennen, daß sie ein Recht haben, dafür vorübergehend aus dem Erwerbsleben auszuscheiden und zumindest dennoch versichert zu sein. Sonst hat die Familie keine Chance.« Das deckt sich auch mit der modernen katholischen Soziallehre, aus der Rita Süßmuth viele Anregungen geschöpft hat. »Nur, wenn man die Konsequenzen ziehen will, dann stößt man bald an Grenzen«, schildert sie das Dilemma, »denn die Konsequenzen heißen Veränderung des Systems.«

Der Erhalt ausgerechnet der Familie wäre ein systemverändernder Akt? Die konservativen Familienideologen als die neuen Revolutionäre? Nun, die meisten von ihnen wissen es noch nicht, und die, die es ahnen, mögen bibelfest seufzen: »Müssen denn die letzten tatsächlich plötzlich die ersten sein?« Man kann den Seufzer verstehen, schließlich sehen die meisten Christdemokraten so ganz und gar nicht wie Revolutionäre aus. Kurt Biedenkopfs Aufruf zu mehr utopischem Denken haben doch die meisten gut pragmatisch und materialistisch eher als Schrulle eines mehr oder weniger abgehalfterten Politikers gehalten. »Die Dame geht mir auf die Nerven«, ließ sich denn auch Bundeskanzler Kohl über Rita Süßmuth vernehmen, »sie soll mit ihren Stöckelschuhen auf dem Boden bleiben.« Schließlich weiß mann doch, was Familie ist, nämlich das, was einem ermöglicht, 12 Stunden lang Politiker und VIP zu sein und trotzdem Kinder und ein ordentlich versorgtes Zuhause zu haben. Also was soll der Quatsch, es gibt sie doch, die Familie, die meisten männlichen Politiker haben sie schließlich.

Kurzum die Ministerin nervt mit ihren großangelegten Analysen und Forderungen. Es soll alles beim guten alten bleiben, doch will man dafür nichts tun. »Eine Rose ist eine Rose ist eine Rose« beschwor Gertrud Stein die Wahrheit der Tautologie, doch wer mag die Rose nach einer Woche noch als solche erkennen? Familie ist Familie ist Familie, aber wer erkennt sie im modernen Großstadtgewusel noch wieder? Wenn in einer Stadt wie Frankfurt/M. 53% aller Haushalte aus Alleinlebenden bestehen, 20% aus sogenannt unvollständigen Familien, kann die Statistik nur noch 27% »normale«, d.h. Vater-Mutter-Kind-Familien vorweisen. Wo bleiben da Haus, Hof, Kind, Dackel und der selbstgebackene Kuchen unterm blühenden Apfelbaum?

Aber nicht allein das Verhältnis Arbeitswelt-Familie muß sich ändern, postuliert die christdemokratische Reformerriege. Die CDU mußt überhaupt erst einmal wahrnehmen, daß ihr Ideal der glücklichen, intakten Kleinfamilie in den Großstädten (und auf dem Land ist eine ähnliche Entwicklung zu beobachten) der Wirklichkeit längst nicht mehr entspricht. Es war vor allem Rita Süßmuth, die in der CDU und ihrer Wählerschaft einer realistischen Wahrnehmung Bahn brach. Sie hält zwar die Ehe weiterhin hoch und wert, unterschlägt dabei aber nicht deren zunehmende Brüchigkeit, Folge der Berufstätigkeit der Frauen und der Zurückdrängung der Versorgungsehe. Sie thematisiert wieder und wieder die Existenz der Alleinlebenden und ihre steigende Zahl, die Existenz der Alleinerziehenden und Geschiedenen, und zwar nicht unter dem diskriminierenden Aspekt der Zukurzgekommenen oder Gescheiterten, sondern unter Hinweis auf die stattfindenden gesellschaftlichen Veränderungen und ihre Folgen. »Das zentrale Problem ist, daß das, was unter Emanzipation verkauft wird, heute mit großer Einsamkeit erkauft wird und immensem Verzicht. Es bleibt immer noch die Frage: Beruf oder Kinder. Etwas, das so selbstverständlich zur menschlichen Lebensverwirklichung gehört, ist im Leben der Frau heute immer nur unter der Konfliktperspektive verankert.« Und weiter: »Ein wesentlicher Faktor für gescheiterte Ehen ist der Rollenkonflikt.« Also lassen wir doch den ganzen Unsinn mit der Emanzipation, sagen die Unreflektierten in ihrer Partei. Aber eigentlich wissen es fast alle, daß die alten Lebensrezepte nicht mehr durchgängig anwendbar sind, die Tochter, die Tante, die Mitarbeiter im Büro machen es tagtäglich vor. Rita Süßmuth verallgemeinert und bestätigt kraft Autorität ihres Amtes nur die vielen einzelnen Erfahrungen auf eine Weise, daß aus ihnen eine neue Einstellung wird. Wertfrei, aber mit der Einfühlung einer Therapeutin hält sie den Heile-Welt-Bildern, den Vorurteilen und den vehement verteidigten kindlichen Träumen vom ewigen häuslichen Glück die Bilder der heutigen Wirklichkeit entgegen. Das ist wahrlich nicht umstürzlerisch oder radikal, wie es im konservativen Milieu dieser Republik wahrgenommen wird. Radikal sind nur die Konsequenzen, die sie zieht. Mit der realistischen Bestandsaufnahme der heutigen Lebensrealität leistet sie emotionale Anpassungshilfe an die modernen Zeiten. Und damit hat sie viele auf ihrer Seite: die beruftätigen Frauen, in ihrer Ambivalenz und Zerrissenheit zwischen Kindern (oder dem Wunsch nach Kindern), den Erfordernissen der Arbeit und der Lust am Aufstieg, aber auch die Mütter »mißratener« Töchter, kurzum alle die, die in liebender Sorge und ideellem Unbehagen an Lebenswegen teilnehmen, die so ganz anders sind als die ihren. Gleichzeitig gewinnt sie damit auch die Zustimmung der Frauenbewegung, der Grünen und der Sozialdemokraten.

Daß sie trotzdem vehement an der Institution Familie festhält, wird ihr andererseits zum Vorwurf gemacht. »Immer wieder die liebe Familie«, titelte etwa Margrit Gerste in der *Zeit* gereizt einen Artikel über die Süßmuthsche Frauenpolitik. Letztendlich schieden und scheiden sich die Geister immer noch über einer Aussage, wie sie Konrad Adenauer in seinem knappen Programmentwurf für eine neue christliche Partei 1945 formulierte: »Anerkennung der grundlegenden Bedeutung der Familie für Volk und Staat« (Absatz 4). Für Adenauer wie für seine politischen Freunde bedeutete neben der unabdingbaren Festlegung der individuellen Grundrechte die Stärkung der Familie den besten Schutz gegen jeglichen Totalitarismus, der den Menschen aus seinen persönlichen Bindungen herauslösen und nur auf den Staat ausrichten will. Stärkung der Familie – so die These – ist Schwächung totalitärer Tendenzen, die er nach dem Zusammenbruch des Dritten Reichs keineswegs als überwunden, sondern nur in anderer Verkleidung, im Kommunismus oder Sozialismus, am Werk sah. Dagegen hielt die Linke im Gefolge von Horkheimers und Fromms Studie »Autorität und Familie«, daß die Familie keineswegs einen Damm gegen den Nationalsozialismus errichtet habe, im Gegenteil. Die Einübung in autoritäre Verhaltensweisen, Duckmäusertum, Unterordung, in unhinterfragten Gehorsam und hierarchisches Denken hätte gerade dort ihren Platz gehabt: die Familie als »Keimzelle des Staates«, eben auch eines preußisch-militaristisch bis faschistischen Staates. Zwei Positionen zur Funktion der Familie standen und stehen sich bis heute gegenüber, die konservativ-christliche und die linksfreiheitliche, und beide argumentierten zumindest ursprünglich antitotalitär.

Der viel beschworene Bedeutungsverlust und der Zerfall der Familie in den sechziger und siebziger Jahren schien der freiheitlichen Position Recht zu geben. Die Elterngeneration verdrängte, verleugnete ihre Tätigkeit oder Untätigkeit in der Zeit des Nationalsozialismus und wollte dennoch – auf wackligen Füßen – als moralische Instanz auftreten. Aber wer Autorität beansprucht, muß diese auch glaubwürdig machen, das konnte die Kriegsgeneration nicht. Familien, deren Söhne und Töchter in den sechziger Jahren studierten, haben in den seltensten Fällen diese Zeit unbeschadet überstanden, es sei denn, die Eltern hatten nicht in irgendeiner Weise mit den Nazis kollaboriert. Mit der unglaubwürdig gewordenen Autorität der Väter und Mütter wurde von der antiautoritären Bewegung, deren Einfluß bis weit in liberal bürgerliche Milieus reichte, gleich die ganze Institution Familie plus Ehe über Bord geworfen, die mit Patriarchalismus, Frauenunterdrückung, Verlogenheit und der Diskriminierung aller anderen Formen von Lebensgemeinschaften gleichgesetzt wurde. Die neue Lösung hieß freie Partnerschaften ohne Einmischung des Staates via Ehevertrag und Scheidungsgesetzgebung, und solidarische Beziehungsnetze.

Naturgemäß eroberte die Familie einen Teil ihrer Bedeutung zurück, als die 68er selbst Eltern wurden. Wie soll man anders dieses verantwortliche, verläßliche Beziehungsgeflecht nennen, das Kindern stabiles Aufwachsen ermöglicht? Trotzdem: Die Familie heute hat sich, nicht zuletzt dank der »kulturrevolutionären« Erfolge der Studentenbewegung, radikal gewandelt. Sie ist bei weitem nicht mehr die einzige akzeptierte Form des Zusammenlebens. Wo sie existiert, hat sich durch die Berufstätigkeit und das veränderte Selbstbewußtsein der Frauen wie der Kinder auch die innerfamiliäre Autoritätsstruktur gewandelt. Unüberschaubar und auf den ersten Blick nicht leicht zu erschließen, sind die Beziehungs- und Familienstrukturen in den Großstädten dieser Republik geworden. Wie im Brennspiegel konzentrieren sich die Veränderungen während der Abholzeiten der Kindergärten. Holt nun die Mutter, der Freund der Mutter, der zweite Ehemann, die Freundin des Vaters oder die Großmutter das Kind? Für Außenstehende ist es ein völliges Durcheinander, was da vor sich geht, die innere Ordnung erschließt sich erst bei genauerer Kenntnis der Personen. So hört sich die Formulierung des gelehrigen Adenauer-Enkels Kohl: »Eine gesunde Familie ist die Voraussetzung für einen gesunden Staat« heute wie kurioses Nachplappern völkischer Gemeinplätze an. Was heißt schon gesund? Dabei denken doch die meisten an Nitrat im Salat, Hormonen im Kalbfleisch und Strahlenbelastung in der Milch.

Rita Süßmuth begründet ihr Eintreten für Familie denn auch in deutlicher Abgrenzung zu Kohls Altherren-Klischees: »Meine Auffassung ist, daß man nicht alle Beziehungen mit der gleichen Bedeutung belegen kann, denn zu Beziehungen gehören Entscheidungen. In den Fällen, wo zwei Menschen sich gesagt haben: wir machen alles völlig aufrichtig und alle unsere Beziehungen sind gleichwertig... ich wüßte nicht, wo das funktioniert hat. Daß 1968 ff. diese Vorstellungen existierten und ausprobiert wurden, heißt ja nicht, daß sie geklappt haben. Aber es heißt auch nicht, und das machen wir immer viel zu schnell, daß nur die alten Modelle der strikten Verklammerung und Verklebung praktiziert werden können. Das ist für mich absolut kein Lebenskonzept.« Rita Süßmuth entwickelt im privaten Gespräch einen elastischen Familienbegriff, nach dem sich jede/r auf der Höhe der Zeit und seiner vielfältigen Wünsche und im Herzen doch konservativ fühlen darf. »Das Problem ist doch eigentlich: Wie können Beziehungen gelebt werden, ohne daß sie statisch werden? Dazu gehört auch die Frage, wie offen sind beide im Umgang mit Menschen, die nicht unmittelbar in diese Zweierbeziehung hineingehören? Was lernen wir hinzu, um nicht immer gleich mit Eifersucht und verletztem Vertrauen zu reagieren? Wie bleiben wir in Bewegung? Auch gegenwärtig fixieren wir immer noch alles auf die Zweierbeziehung und leiten unsere Existenz von einem anderen ab.«

Im Verlauf eines langen Interviews fällt das Wort Ehe kein einziges Mal, es wird durch »Beziehung« ersetzt. Wie weit von solchem Umgang mit Begriffen liegt dagegen die Vorstellungswelt von Norbert Blüm entfernt, der in seinen berühmt-berüchtigten »Zehn Thesen zur Familienpolitik« 1980 schrieb: » Wer Ehe und Familie mit gleichgeschlechtlichen Verhältnissen oder ähnlichen Zufallsbindungen (welche sind das?-EK) gleichstellt, etabliert die Gleichberechtigung der Ausnahme mit der Regel und des Abnormalen (!) mit dem Normalen. Die auf Lebenszeit angelegte Ehe ist Schutz vor unseren Launen und gibt Sicherheit für die Kinder.« In der Präambel zu den Essener Leitsätzen, dem neuen Familien- und Frauenprogramm der CDU, an dem auch Rita Süßmuth mitgearbeitet hat, wird die Ehe – im Gegensatz zur Familie – nur pflichtgemäß als Norm hingestellt.

Die Institution Familie bleibt jedoch Kern- und Hauptstück der CDU-Politik, das Wort verliert auch nicht seine emotionale und christliche Aura, nur wurde inhaltlich den realen Veränderungen Rechnung getragen. Der Familienbegriff ist flexibler, dehnbarer geworden, unter dem großen Schirm finden neuerdings verschiedene Hüte Platz: die Hausfrauen-Familie, die Doppelverdiener-Familie, die Zuverdiener-Familie, die Geschiedenen-Familie, die Alleinstehenden-Familie etc..

Aller Elastizität zum Trotz wird Familie als politischer Kampfbegriff verwendet, analog zum Wort »christlich« bei der Formierung der Union in der Nachkriegszeit. Überhaupt könnte der moderne christdemokratische Umgang mit dem Begriff Familie aus dem Rhöndorfer Rezeptbuch abgeschrieben worden sein. »Christlich« war für Adenauer das, was die neue Partei von den säkularen, auf die materialistische Weltsicht festgelegten Parteien abgrenzen sollte. Natürlich gab es auch bei den Sozialdemokraten Christen, jedoch verstanden sie die Religion als Privatsache, nicht als Grundlage eines Programms.

Das Wort »christlich« taugte zur Sammlung sowohl der alten katholischen Zentrumswähler als auch der protestantischen Wähler der Deutsch-Nationalen Partei, des Anhangs der christlichen Arbeiterbewegung wie auch des christlichen Wirtschaftsflügels und vor allem der Kirchen. »Allein die Zusammenfassung in einer solchen Partei würde gegenüber achristlichen Parteien die Vertreterin des christlichen Prinzips sein« (Adenauer). Gleichzeitig wußte er, daß sich die CDU nur »verkaufen« ließ und die verschiedenen Gruppierungen beisammen bleiben würden, wenn die Partei ihre christliche Substanz mit einer gewissen Mäßigung ins Spiel bringt. Als Otto Schmidt vom protestantischen Wuppertaler Gründerkreis der CDU das Wort »christlich« mit Inhalt füllen wollte – »Gott ist der Herr der Geschichte und der Völker, Christus die Kraft und das Gesetz unseres Lebens... Rettung und Wiederaufstieg hängen ab von der Wirksamkeit der christlichen Lebenskräfte im Volk...« – speiste er ihn kühl ab. Ein Parteiprogramm sei kein Glaubensbekenntnis, das würde mehr Menschen abschrecken als gewinnen. Es kam ihm darauf an, den Begriff »christlich« so weit wie möglich zu fassen.

In der eher säkulären Gegenwart soll für die CDU als innerparteiliches Binde- und außerparteiliches Werbemittel der Begriff »Familie« das »christlich« ersetzen. Letzteres hat nicht mehr genug Ausstrahlungskraft, um Differenzen zwischen Parteien zu markieren. Denn wo der Begriff politische Konsequenzen andeutet, ist er zur Ethik geworden und damit für alle Parteien verwendbar. »Bewahret die Schöpfung«, das Motto über dem Bremer Parteitag der CDU, auf dem die Umweltpolitik der Partei diskutiert werden sollte, ist kein »Leit«satz, sondern ein »Nach«satz der CDU, eine durchsichtige Nachtrabparole. Das Neue und Alte Testament haben längst die in der Umweltpolitik konsequenteren Parteien und Gruppierungen für ihre PR-Arbeit durchforstet, von Eppler (SPD) bis hin zu den Grünen und zum jungen Kirchentagspublikum, das mehrheitlich nicht mehr CDU wählt. Ähnlich zusammengestoppelt wirkt die Präambel der Essener Leitsätze, wenn die Gleichberechtigung von Mann und Frau aus dem »christlichen Verständnis vom Menschen« her begründet wird, als ob ausgerechnet die Kirchen die Gleichberechtigung gefördert hätten.

Ob »Familie« für die emotionale Differenzierung der Bevölkerung und die Bindung an die CDU heute ein tauglicherer Begriff ist als »christlich?« Einen Vorteil hat die emphatische Betonung von Familie: Die Langsamkeit, mit der die Gefühle sich verändern, war schon immer das Kapital, mit dem CDU/CSU wuchern konnten. Das Wort »konservativ« weist ja nicht nur auf bestimmte gesellschaftliche oder machtpolitische Interessengruppen hin, der Begriff zielt hauptsächlich auf die Gefühle der großen Mehrheit. Und bei dem Wort »Familie« schwingt allen Veränderungen in der Gesellschaft und allen unguten Erfahrungen zum Trotz immer der traditionelle Klang und die Sehnsucht nach kindlicher Geborgenheit und damit nach Unabänderlichkeit mit. Das Wort ist nicht zu ersetzen, es kommt also darauf an, wie man es füllt. Läßt sich damit eine tragende Vernetzung mehrerer Generationen und sogar nicht verwandtschaftlicher Beziehungen bezeichnen oder steckt es nur enge, lebensfeindliche Grenzen ab, die nach innen mit strengen Geboten, nach außen mit Verboten aufrecht erhalten werden?

Für die Sozialdemokraten wie für die Grünen ist die Lebensform ähnlich wie die Religion Privatsache, nicht ideelles Programm, also betonen sie die weibliche Berufstätigkeit, die gleichberechtigten Aufstiegschancen oder die Verfügung über den eigenen Körper, etc... Wenn solche Themen sich dann in der Öffentlichkeit durchsetzen, versucht die Union sie in ein flexibles und reformtüchtiges Sowohl-als-auch-Programm einzubinden. »Unter anderem mit diesem Schema«, seufzt ein SPD-Mitglied, Mitarbeiter in der Godesberger Baracke, »hat die CDU/CSU es in der Geschichte der Bundesrepublik auch meistens geschafft, die SPD in die Opposition zu schicken. Warum binden wir nicht die alten gefühlsmäßig besetzten Begriffe bewußt und deutlich mit den neuen Inhalten zusammen? Das wäre mehrheitsfähig.« Diese Kunst beherrscht oder besser personifiziert Rita Süßmuth. Das Wahlvolk dankt es ihr mit satten Sympathiewerten auf der nach oben hin offenen Popularitätsskala.

Mit der ideologischen Vereinnahmung von Familie hat sich Ende des zwanzigsten Jahrhunderts die CDU allerdings ein Kuckucksjunges ins Nest gesetzt, das immer mehr Platz beanspruchen und nicht durch Ein-bißchen-hiervon-ein-bißchen-davon-Programme satt zu kriegen sein wird. Entweder Familie verkommt zu einem nostalgischen Kitschbild, das gleich neben dem röhrenden Hirsch über dem Doppelbett prangt, oder aber es wird Ernst gemacht mit der Anpassung der Arbeitswelt an die Bedürfnisse der diversen modernen familiären Lebensformen. Das käme wirklich einer gesellschaftlichen Umwälzung gleich.

Die List der Geschichte hat die Christdemokratie fest am Wickel. Plötzlich sieht sie sich Händchen haltend mit dem Feminismus, und sie weiß nicht, ob sie flüchten oder standhalten will. So grinst sie vorerst schiefmäulig und möchte sich am liebsten getreu dem alten Bibelwort: Schmerzt dich deine Hand, so hacke sie ab, verhalten. Aber wer hat schon je nach dieser Selbstverstümmler-Maxime gehandelt?

DIE KONKURRENZ: GIBT ES GRUNDSÄZLICHE ALTERNATIVEN ZU RITA SÜSSMUTHS FRAUEN- UND FAMILIENPOLITIK?

Die politische Intervention der Frauenministerin erfolgte nicht in einem sozialen Niemandsland. Die neuen Konzeptionen der CDU-Reformer waren ja die Antwort auf sozialdemokratische (und grüne) Begriffshegemonie in diesem Feld. Von Anfang an mußte sich Rita Süßmuth mit grundsätzlichen Alternativen zu ihrer Frauen- und Familienpolitik auseinandersetzen. Das Erstaunliche war, wie schnell und gründlich es ihr gelang, diese Konkurrenz zu überspielen. Unversehens fanden sich vor allem die sozialdemokratischen Frauen in der Defensive, womit sie verständlicherweise zunächst gar nicht zurechtkamen.

Der Schock sitzt bis heute tief. Und so neigt frau dazu, ihn wegzuerklären.

Die Popularität von Rita Süßmuth handelt Renate Schmidt, Bundestagsabgeordnete der SPD aus Nürnberg, kurzerhand als Resultat der Überraschung bei den Presseleuten ab, sozialdemokratische Frauenpolitik auf einmal bei der CDU wiederzufinden: »Die Positionen von Rita Süßmuth sind nicht die ihrer Partei. Bei uns hätte sie sich im Konsens mit vielen Männern und den meisten Frauen befunden; allerdings wäre sie dann niemandem besonders aufgefallen.« So vereinnahmt sie schlagfertig, aber doch zu kurz gedacht, die Popularität der Konkurrentin. Die Sozialdemokratin – blonde Korkenzieherlocken, leuchtend rotes Minikleid, braungebraunt und lebensfroh – möchte gerne selbst Frauenministerin werden und ist schon äußerlich ein Kontrastprogramm zum christdemokratischen Medienstar. Letztendlich erklärt sie Süßmuths Erfolg aus der gelungenen Verführung der Presse durch ungewohnte frauenpolitische Melodien bei einer konservativen Herrenpartei, gesungen von einer zarten, schwarz- und strubbelhaarigen Loreley. Reihenweise sei also die Bonner Presse beim Zuhören von einem wilden Weh nach dem Außer-Ordentlichen gepackt worden und ihr analytischer Scharfsinn mir nichts, dir nichts baden gegangen? Es genügt also – so die Konsequenz von Renate Schmidts Aussagen – sympathisch und im konservativen Milieu Außenseiterin zu sein, um originär sozialdemokratische Positionen zur Frauenfrage wieder interessant zu machen: »Bei uns war das alles üblich und gewohnt«, also ohne Neuigkeitswert. Es war demnach nur Zufall – und hier trifft sich die Meinung von Renate Schmidt mit den Rechten in der Union, daß Rita Süßmuth bei den Christdemokraten gelandet ist. »Sie ist schließlich dort sehr spät eingetreten. Es ist sicherlich ein großer Fehler, daß wir sie nie für die SPD angesprochen haben. Wir hatten ja Kontakte zu ihr über die unterschiedlichsten Gremien. Ich glaube, sie wäre offen gewesen. Aber bei uns hätte sie diese Erfolge nicht gehabt.« Allerdings – muß man mit einem Blick auf die Parteitradition hinzufügen – nicht nur wegen der fehlenden, für die Medien so faszinierenden Spannung zwischen Person und Partei.

Die SPD hätte eine Quereinsteigerin bei diesem Thema nie zugelassen, versteht sie sich doch spätestens seit August Bebel, Lily Braun und auch Clara Zetkin als Hort der Fraueninteressen. Hat sie nicht das Wahlrecht für Frauen 1918 durchgesetzt? Hat nicht die ASF (Aktionsgemeinschaft Sozialdemokratischer Frauen) in den siebziger Jahren beständig mit der feministischen Bewegung kooperiert, etwa beim Kampf um die Veränderung des § 218? Und hat die Partei nicht schließlich selbst tüchtige Politikerinnen, die sich mühsam genug nach oben geschafft haben und die Probleme von Frauen wahrlich aus eigener Erfahrung kennen? »Wir gucken eben mehr auf den Stallgeruch«, begründet Renate Schmidt die Aversion gegen das Quereinsteigertum. Das stimmt nur zum Teil.

Die Parteien suchen sich auf solchen Gebieten die Experten von außen, auf denen sie einen Mangel an Kompetenz wettmachen wollen. So wurde der Universitätsprofessor Karl Schiller 1966 von den Sozialdemokraten als Wirtschaftsminister ins Kabinett der Großen Koalition geholt, und so erkor sich die CDU die Professorin Süßmuth.

Es gehörte allerdings schon eine reichliche Portion Verachtung für die lieben Parteifreundinnen in den eigenen Reihen dazu, daß Bundeskanzler Kohl und sein damaliger Parteisekretär Geißler für Frauen-, Familien- und Jugendpolitik eine Außenseiterin holten: ein trauriger Lohn für die jahrelange Unterwerfung der CDU-Frauen unter die theoretischen wie machtpolitischen Dominanzansprüche der Unions-Männer. Entsprechend empört reagierten sie denn auch, aber was half's? Der inhaltlichen »Revolution von oben«, wie Heiner Geißler seine Essener Leitsätze zur Frauenpolitik nannte, folgte nur konsequent der personalpolitische Handstreich. So etwas geht bei den Konservativen eben leichter. For better and for worse.

Der Effekt auf die Sozialdemokraten war durchschlagend: Die Partei schien erst einmal die Sprache verloren zu haben. »Bei mir war am Anfang richtig Wut«, erzählt Renate Schmidt, »die stiehlt uns die Show! Meine Parteikollegen drängten uns immer, sie stärker anzugreifen, aber was gab es da zu kritisieren? Wir konnten ihr nur vorwerfen, daß zwischem dem, was sie sagt, und dem, was sie durchsetzen konnte, eine Lücke klafft, weil ihre Partei sie nicht gestützt hat.«

Bald aber wurde klar, daß der Erfolg von Rita Süßmuth durchaus Vorteile für die sozialdemokratischen Frauen mit sich brachte. Süßmuths dauernde Medienpräsenz führte dazu, daß Frauenpolitik plötzlich zum heiß umkämpften Terrain wurde. Vorbei waren die Zeiten, in denen dieses Thema als ein von nervigen Frauen penetrant vorgebrachter lästiger »Nebenwiderspruch« mit ein paar freundlich-herablassenden Worten abgetan wurde. »Sie nützt auch unseren Zielen«, äußerte sich die Vorsitzende der Arbeitsgemeinschaft Sozialdemokratischer Frauen, Inge Wettig-Danielmeier, und Anke Fuchs bot ihr »faire Zusammenarbeit« trotz des Wahlkampfs an. Wenn schon die konservative Partei Frauenpolitik modern und hochrangig besetzt, sind die Parteien auf der Linken gefordert. Und so schafften es die SPD-Frauen 1988 tatsächlich, die Quote von 40% Frauenanteil bei allen Kandidaturen für Abgeordnete durchzusetzen. »Ich weiß nicht, ob wir das mit dieser großen Mehrheit in der Partei ohne Rita Süßmuth geschafft hätten«, gesteht Renate Schmidt heute ein, »wahrscheinlich nicht. Wir haben sie für uns instrumentalisieren können.«

Wieso aber hatten sich plötzlich die großen inhaltlichen Differenzen zwischen der CDU und der SPD so verflüchtigt, daß Renate Schmidt die christdemokratische Ministerin als eine der Ihren feiern kann, allerdings nicht als eine der Radikalsten (»so ungefähr Annemarie-Renger-Linie«), und die Unterschiede sich scheinbar auf die Quantität weiblicher Beteiligung in der Politik reduzieren ließen? Rita Süßmuth drohte ihrer Partei erst sanft, später streng erzieherisch mit der Quotierung, sollte sich der weibliche Anteil bei der Mandatsvergabe nicht erhöhen.Aber es blieb eben bei der Drohung. Die SPD setzte die 40% Quote tatsächlich durch, die Grünen hatten sowieso die Hälfte aller Mandate für Frauen reserviert. Aber davon abgesehen – ist es tatsächlich berechtigt, von einer heimlichen weiblichen Allparteienkoalition zu sprechen?

»1985, bei der ersten großen Rede von Rita Süßmuth vor dem Parlament zum Thema Vereinbarkeit von Beruf und Familie lagen noch Welten zwischen der SPD und der neuen Ministerin«, erinnert sich die langjährige persönliche Referentin der Ministerin, Regina Görner. »Heute ist die Frauenpolitik der SPD auf gleichem Kurs, und beide Parteien überbieten sich in der Frage des Erziehungsgeldes. Das hatten die Sozialdemokraten damals abgelehnt: Frauen sollen arbeiten und Kinder in staatliche Krippen.«

Die traditionelle sozialistische Sicht der Emanzipation der Frau als Gleichheit mit dem Mann heißt im Klartext: Anpassung der Frauen an die Lebensmaßstäbe der Männer, also volle Integration ins Berufsleben, Frauenförderung, Schutz vor Benachteiligung, Vergesellschaftung der Kinder- und Erziehungsarbeit. Diese Position setzt von vorneherein auf die Minderwertigkeit traditionell weiblicher Lebensentwürfe. Ein Kompromiß zwischen dem, was herkömmlicherweise männliche und was weibliche Arbeit genannt wird, bei dem vorstellbar wäre, daß beide Geschlechter nach Lust und Absprache wechselweise, nacheinander, phasenweise oder gleichzeitig sowohl außerhäuslicher als auch häuslicher Arbeit nachgehen, gilt ihnen nicht als Utopie, sondern als Kotau: »Es kommt zu einer gerechteren Mangelverteilung...« (zwischen Männern und Frauen um Geld und Arbeit – EK) »Insgesamt handelt es sich um eine Umverteilungspolitik zu Lasten der lohnabhängigen Bevölkerung und zum Nutzen herrschender Wirtschaftskreise.« (Mechthild Jansen, *Deutsche Volkszeitung*). Denn schließlich »kann Haus- und Familienarbeit nie und nimmer Ersatz für das Menschenrecht auf Arbeit sein – als Recht auf schöpferische Selbstverwirklichung, in nicht abhängiger und entfremdeter Form.« Es geht aber nicht um »Ersatz«, sondern um Zusatz, es geht um die Aufteilung der Arbeit beider Bereiche, des bezahlten und des unbezahlten, unter den Geschlechtern, und gerade dabei kann am ehesten mit den schönen utopischen Vokabeln »nicht abhängig, nicht entfremdet« hantiert werden.

Für das Einschwenken von Teilen der SPD auf die Süßmuth-Linie der Anerkennung der unterschiedlichen Lebensmodelle und Lebensphasen von Frauen und Männern und der Aufteilung der häuslichen wie der bezahlten Arbeit unter den Geschlechtern waren viele Faktoren verantwortlich. Zum einen die durch André Gorz seit den frühen achtziger Jahren ausgelöste Debatte über die Zukunft der Lohnarbeit. Die zunehmende Rationalisierung durch die mikro-elektronische Revolution und die daraus folgende Freisetzung von Arbeitszeit bedeuten nach seinem Befund in unseren heutigen Gesellschaften erst einmal strukturelle Arbeitslosigkeit. Diese ruft nach anderen Konzepten als denen eines Lebens, das von der Jugend bis zur Rente vom gleichbleibenden 8-Stunden-Takt der Arbeit diktiert wird: nämlich einer Grundabsicherung für alle und flexible Gestaltung der Zeit für Arbeit, Weiterbildung und Kinder.

Zum anderen begann etwa zeitgleich die Diskussion in der Frauenbewegung über das Thema Teilzeitarbeit. Stellt sie eine Antwort dar auf den Terror der Doppelbelastung von Frauen oder führt sie nur zur Verfestigung der Benachteiligung im Berufsleben? Wie müßte Teilzeitarbeit gestaltet werden, damit sie nicht eine berufliche Sackgasse mit bloßer Zuverdienerfunktion bleibt, sondern in einer vorübergehenden Phase ein Leben mit Kindern ermöglicht, das nicht unter Streß und Zeitnot steht – für Männer wie für Frauen? Und: Wie läßt sich die nur begrenzt verfügbare Menge an Arbeit und Einkommen in dieser Gesellschaft teilen, so daß Frauen wie Männer einer befriedigenden Berufstätigkeit nachgehen können? Der Boden für das Thema »unterschiedliche, flexible, wandelbare und gleichberechtigte Lebensmodelle« war also durch viele, eher abseits der großen Institutionen, Parteien, Unternehmerverbände und Gewerkschaften geführten Diskussionen vorbereitet. Es fehlte nur noch der entscheidende Funke, damit das Thema über die engen intellektuellen Kreise hinaus das Interesse einer größeren Öffentlichkeit entflammen konnte.

Daß die Initialzündung ausgerechnet aus einer Partei kam, die bislang das Mutter- und Hausfrauendasein als die wahre weibliche Existenzform verklärt hatte, ist – erklärbare – Ironie der Geschichte. Die Süßmuthsche Formel von der »Vereinbarkeit von Familie und Beruf« gibt jeder Frau recht, den traditionellen weiblichen Wählerkreisen der CDU wie auch den jüngeren, berufsorientierten Frauen, die die Christdemokraten gewinnen wollten. Sie läßt sich in jede Richtung gewichten, in die konservativere und in die progressivere, und vor allem bestätigt sie die Institution Familie. Trotzdem, im Glaubenskrieg zwischen Gegnern und Befürwortern der alleinseligmachenden weiblichen Berufstätigkeit wirkte sie wie ein Befreiungsschlag. Sie untergrub alle »Soll-Bestimmungen« und ersetzte sie durch individuelle »Will-Bestimmungen«. Damit hatten nicht mehr die Ideologinnen und Ideologen rechter oder linker Couleur, patriarchalischer oder emanzipativer Prägung das Wort, sondern die Frauen selbst. Die »Vereinbarkeit« wurde zum Schachmatt für die Generalisten aller Parteien. Kein Wunder, daß die Opposition, auch die in den eigenen Reihen, zunächst verstummte. Und die Feministinnen im Lande und unter den Grünen rieben sich die Augen, waren es doch die eigenen Melodien, allerdings in einem sehr sanft-harmonischen Arrangement, die sie da vernahmen.

Die Popularität von Rita Süßmuth beschleunigte den

Umdenkungsprozeß bei der Sozialdemokratie. »Es muß mehr Möglichkeiten geben, wie eine Arbeitnehmerin ihre Zeit selbst gestaltet«, erklärt heute Renate Schmidt, »Vereinbarkeit von Familie und Beruf – da rennt Süßmuth bei mir offene Türen ein. Auf die Idee kommt ja jetzt schon die HBV.« Die Formel ist inzwischen tatsächlich zum Allparteien-Schlager geworden und droht – so sie nicht mit weiterem Inhalt gefüllt wird – zu allgegenwärtigem Gedudel zu verkommen.

Gefragt, ob es zwischen ihr und der Frauenpolitik der Sozialdemokratie größere Differenzen gebe, zögert Rita Süßmuth: »Die SPD hat sich auch in dieser Frage so gewandelt, daß ich nicht weiß, ob ich sie noch an der richtigen Stelle erwische. Wichtig ist nur, daß erkannt worden ist, daß wir die Frauenfrage nicht mit einem einzigen Modell lösen können. Da gibt es nicht einen Weg: entweder alle in den Beruf oder, wie vorher bei der CDU, alle ins Haus. Frauen haben ein Recht auf unterschiedliche Lebensweisen, und wir haben die Bedingungen herzustellen, damit ihre Optionen auch verwirklicht werden können.«

Durch ihre »Vereinbarkeitspolitik« und ihr Eintreten für weibliche wie männliche Berufstätigkeit nach dem jeweiligen persönlichen Maß und der anstehenden Lebensphase nahm sie auf zunächst unspektakuläre Weise einen Teil der »Lafontaine-Debatte« vorweg, wie sie 1988 durch die Medien töste. Lafontaines Plädoyer für die Umgestaltung der Arbeitswelt, für die Neubewertung von bezahlter und unbezahlter Arbeit, und damit für die Arbeit nach persönlichem Maß bekam durch die große öffentliche Zustimmung zu Süßmuths Ansatz eine frauenpolitische Legitimation. Das wußte er aufzugreifen. So schrieb er 1989: »Noch ist die ›produktive‹ Arbeit so organisiert, daß Berufs- und Familienleben schlecht zu vereinbaren sind (!), sind die Strukturen der Arbeitswelt daraufhin angelegt, daß berufliches Fortkommen meistens zu Lasten der Familie geht, daß hinter jedem berufstätigen Menschen ein anderer steht, der sich um Haushalt und Familie kümmert und selber nicht ›arbeitet‹.« Aber durch Verkürzung der Erwerbsarbeit und »die Einrichtung einer gesellschaftlichen Produktions- und Arbeitsordnung, die jedem Menschen, ob Mann oder Frau, die gleichen Möglichkeiten böte, Berufs- und Familienleben, Erwerbs- und Eigenarbeit ohne große Nachteile miteinander zu verbinden«, soll die Aufwertung der unbezahlten Arbeit erreicht werden. Die Arbeitnehmer und Arbeitnehmerinnen sollen das Quantum und den Zeitpunkt ihrer Arbeit selbst bestimmen können, in Absprache mit den Unternehmern natürlich, die das komplementäre Interesse haben, ihre Maschinenlaufzeit besser zu nützen.

Wo Süßmuth nur sacht bei den Gewerkschaften aneckte, weil diese eine christdemokratische Ministerin und ihre Offensive für Teilzeitarbeit nicht unbedingt zur Kenntnis nehmen mußten, wirkte der Vorstoß des sozialdemokratischen Kanzlerkandidaten wie ein Rammbock gegen das Bollwerk gewerkschaftlicher Grundüberzeugungen: um kämpferische Interessensvertretung zu ermöglichen, müssen die Arbeitnehmer durch die Arbeitsorganisation zusammengehalten und nicht durch Teilzeit, Flexibilisierung und individuell ausgehandelte Arbeitszeiten zerstreut und zersplittert werden.

Was allerdings Lafontaines Politik von Süßmuth unterscheidet, ist trotz oberflächlicher Gemeinsamkeiten (Medienpräsenz) gerade der grundsätzliche Stil. Der Saarländer spielt virtuos und bedenkenlos auf der Klaviatur des Populismus. Seine Kunst besteht darin, unterschiedlichste Ideen (und auch Ressentiments) zu integrieren – nicht in einem in sich stimmigen Konzept, sondern repräsentiert durch seine Person.

Der Süßmutheffekt wirkt dagegen entschieden antipopulistisch. Durch die Zurücknahme ihrer Person, durch eine Kultur des Zuhörens ermöglicht sie den »vernünftigen Diskurs«. Ihre charismatische »Glaubwürdigkeit« stellt sie in den Dienst dessen, was sich als gesellschaftlich realisierbare Vernunft herausgestellt hat.

Dennoch: Ob leise oder laut – im innovativen Pragmatismus bei der Gestaltung der modernen Gesellschaft haben die beiden Katholiken Süßmuth und Lafontaine durchaus Berührungspunkte. In der linken Kritik heißt das dann: »Rita hat sich auf den Dampfer des Wirtschaftsflügels der CDU setzen lassen, und da trifft sie sich mit unserem Oskar...« (R. Schmidt). Es könnte aber auch heißen, beide haben von den Ideen und Auseinandersetzungen in der unorthodoxen Linken und der feministischen Bewegung profitiert und versuchen, einem Teil der dort entwickelten Analysen und gesellschaftlichen Visionen ein realistisches, tragendes Fundament zu verpassen.

Und hier muß eine produktive Arbeitsteilung zwischen CDU und SPD stattfinden. Haben die christdemokratischen Reformer einen Begriff von flexibler, an den Bedürfnissen der Menschen orientierter Arbeitszeit propagandistisch gesetzt, ist tatsächlich der nächste Schritt, diese Flexibilität nicht einseitig zugunsten des unternehmerischen Profits verkommen zu lassen. Heidemarie Wieczorek-Zeul (Parteivorstand der SPD) moniert denn auch zu Recht, daß die Zahl der unsicheren Beschäftigungsverhältnisse, der sozial nicht abgesicherten DM 440,- Teilzeitverträge für Frauen zunimmt. Freilich kippt sie dann in gut klassenkämpferischer Tradition das Kind mit dem Bade aus: »Die gesamte Anlage dieser Wirtschaftspolitik geht zu Lasten der Frauen. Es ist Macho-Economics im wahrsten Sinne des Wortes.« Sie sieht nach wie vor die Lösung in der radikalen Arbeitszeitverkürzung für alle und geht damit nicht nur an den ökonomischen Realitäten, sondern auch an den Bedürfnissen der Wählerschaft vorbei. »Teilzeitarbeit ist nicht nur eine unter Zwang angenommene Form der Arbeitsteilung, sondern auch Ausdruck für Bedürfnisse und Interessen von Frauen, die sie mit ihrer Zuständigkeit für die Reproduktion verbinden.« (Aus einer Studie der feministischen Wissenschaftlerin Christel Eckart)

Es dauerte eine Weile, aber nachdem sie Zahlen vor sich liegen hatte, schwieg Rita Süßmuth nicht zu dem Problem ungeschützter Arbeit. Mit Ulf Fink (CDA) und Christoph Böhr (Junge Union) äußert sie vor der Presse ihr Erschrecken über das Überhandnehmen sogenannt geringfügiger Beschäftigungsverhältnisse. »Diese Art von Arbeitsverträgen, bei denen Firmen keine Sozialabgaben zahlen müssen, sind in manchen Branchen zur Regel geworden«, erklärt sie besorgt. Allerdings dürfte es kaum die CDU in Koaliton mit der FDP sein, die an diesen Verhältnissen etwas ändern wird, das Gegengewicht wird von den Gewerkschaften und den Sozialdemokraten/den Grünen kommen müssen.

Letztendlich fand bei der Entwicklung der Formel »Vereinbarkeit von Familie und Beruf« ein ähnlicher Prozeß statt wie weiland bei der Nachkriegs-»Erfindung« der »sozialen Marktwirtschaft«, die man als historischen Kompromiß zwischen sozialistischer Arbeiterbewegung und rücksichtslosem freien Unternehmertum bezeichnen kann. Die Integration scheinbar disparater Elemente in ein flexibles System bedeutet aber auch, daß die beiden Teile – das Soziale und die Marktwirtschaft – gemäß den jeweiligen Kräfteverhältnissen der Tarifpartner entsprechend immer wieder neu austariert werden. Dieser pragmatische Reformismus, wie er die Wirtschafts- und Sozialpolitik von der Nachkriegszeit bis heute prägt und an dem – im großen und ganzen – sozial und ökonomisch befriedeten Funktionieren des Modells Bundesrepublik wesentlichen Anteil hat, muß u.a. als Erfolg der katholischen Soziallehre gelten. Diese verheißt kein Endziel, es gibt nur einen naturrechtlichen Ausgangspunkt: »Hinsichtlich der Sachgüter braucht der Mensch einen gesicherten Mindestbereich, über den er frei und selbstverantwortlich verfügen kann.« Im Mittelpunkt steht das ständige Bemühen um Verbesserungen: »Der nach Lage der Dinge größtmögliche Gebrauch der Sachgüter sollte dem Menschen institutionell gesichert sein.« So der Jesuit Oswald von Nell-Breuning, der »Nestor der katholischen Soziallehre«, ein unermüdlicher Kämpfer für die Rechte der Arbeiter, aber ein Gegner des Klassenkampfs.

Die von Nell-Breuning vorgenommene Unterscheidung zwischen kapitalistischer Wirtschaftsweise, die er als »nicht an sich schlecht« bezeichnet, und kapitalistischer Klassengesellschaft, die es »zu überwinden gelte«, zeichnete auch die Richtung der »Essener Leitsätze« vor. Heiner Geißler und Rita Süßmuth übertrugen dieses Denken auf die gesellschaftlichen Probleme unserer Zeit. »Es ist nicht daran zu zweifeln, daß der Frauenfrage im 20. Jahrhundert der gleiche Stellenwert zu kommt, wie der Arbeiterfrage im 19. Jahrhundert.« So versuchen die Christdemokraten das gleiche Modell, mit dem sie schon einmal erfolgreiche (Klassen-) Integrationspolitik gemacht haben, auf die neue Jahrhundertfrage anzuwenden: »Ein Kampf der Geschlechter, in dem die eine Seite gewinnt, was die andere verliert, kann ebensowenig die Lösung sein wie die Verordnung eines starren Leitbildes, nach dem Frauen und Männern die Gestaltung ihres persönlichen Lebensweges vorgeschrieben wird« (Essener Leitsätze).

Wie damals die kapitalistische Wirtschaftsordnung beibehalten, nur die Klassenkonflikte durch wesentliche Reformen entschärft wurden, so bemüht sich die CDU heute zumindest programmatisch, die Familie zu erhalten, dabei allerdings die zunehmend unakzeptableren Machtverhältnisse und die anachronistische Rollenteilung zu verändern. Bezeichnend ist die Stellungnahme Oswald von Nell-Breunings zu dem veränderten Frauenbild: »Es ist traurig«, sagt der Hundertjährige in einem Gespräch im Jesuitenkolleg St. Georgen, »daß nur noch die bezahlte Arbeit heute etwas zählt. Aber wenn dem so ist, ist es wohl richtig, daß Mütter heute berufstätig sind. Wie sollen sie sonst Respekt von ihren heranwachsenden Söhnen (und Töchtern?- EK) erhalten? Dennoch brauchen Menschen Orte, wo sie als bloße Person Wert haben, und das ist die Familie.« In einer solchen Auffassung offenbart sich realitätstüchtiger Pragmatismus, der jedoch an der Unterordnung aller Veränderungen unter der einen großen Bedingung festhält, dem Erhalt der Familie.

Heute fehlt in keiner Feiertagsrede eines Unternehmers der lobende Hinweis auf die soziale Marktwirtschaft. Ob die Männer das sich verändernde Rollenverständnis eines Tages auch als Gewinn empfinden werden, hängt allein von der erfolgreichen Durchsetzung ab, von der normativen Kraft des Faktischen.

Das Konzept einer zivilen Gesellschaft, die Frauen wirkliche Gleichberechtigung garantieren kann, wird nur als Kompromiß zwischen sehr unterschiedlichen Denkrichtungen realisierbar sein. Zu den Einflüssen aus der unorthodoxen wie der feministischen Linken kommt somit noch die pragmatisch-reformerische Tradition der katholischen Soziallehre hinzu, und zwar bei all denjenigen, die bei der Lösung der Frauenfrage den links-traditionalistischen Weg verlassen haben. Hubert Kleinert, Bundestagsabgeordneter der Grünen, schreibt zu Lafontaines Entwürfen (die in dieser Hinsicht auch die Programmatik Rita Süßmuths aufgenommen haben): »Sein Versuch, einen neuen Fortschrittsbegriff zu definieren, seine Positionen zur Neubewertung der Arbeit – all das sind Überlegungen, die geradewegs von Grünen Papieren abgeschrieben sein könnten.« Und Kurt Biedenkopf sekundiert aus der Sicht des christdemokratischen Zukunftsplaners: »Es könnte vielfach von der CDU abgeschrieben sein.« So stellt sich heraus, daß diejenigen unter den Modernisierern, die, ob schwarz, rot oder grün, unideologisch und innovativ an die anstehenden gesellschaftlichen Probleme herangehen, alle aus den gleichen Quellen schöpfen. Rita Süßmuth kommt das Verdienst zu, für erste pragmatische Schritte hin zu einer solchen neuen Gesellschaft breite politische Mehrheiten bewegt zu haben.

III. Die Politik

EIN FEMINISTISCHES EXPERIMENT AN DER SPITZE

»Ich bin keine Politikerin«, sagt Rita Süßmuth mit selbstbewußtem Trotz zu Anfang ihrer politischen Laufbahn. Trotzdem oder deshalb: Vier Jahre später wollen 57,3% aller Bundesbürger lieber Frau Süßmuth im Bundeskanzleramt sehen denn Herrn Kohl (23,8%). Die Ministerin von Kanzlers Gnaden hat ihren Finder in der Gunst der Wähler weit überholt.

Die Erfolge der politischen Karriere der Wissenschaftlerin und Frauenpolitikerin Rita Süßmuth, die sich auch manchmal selbst als Feministin bezeichnet, spiegeln die Defizite und Schwächen des traditionellen Machtpolitikers Kohl. Und umgekehrt. Zwei grundsätzlich verschiedene Politikstile präsentierten sich vor den Augen der faszinierten Öffentlichkeit in den vier Jahren, die zwischen der Ernennung Süßmuths zur Ministerin im Herbst 85 und der innerparteilichen Niederlage der christdemokratischen Reformer im Herbst 89 lagen. An Sympathie und Vertrauen gewann die gesprächsorientierte Ministerin haushoch, durchgesetzt hat sich der pragmatische, machtpolitische Kanzler.

»Der Grundkonflikt ist für mich«, erläutert Rita Süßmuth in einem Gespräch ihr Verhältnis zur Politik, »ob die Zukunft der Politik weitherhin den alten Machtstrukturen gehört, oder ob es eine andere zukunftsträchtige Art gibt, Politik zu machen. Unter Politik der alten Machtstrukturen versteh ich, daß es da weniger auf die Sachverhalte, auf die Aufgaben und Perspektiven ankommt denn auf die Durchsetzbarkeit und die eigene Durchsetzungsfähigkeit. Ich habe mich noch nicht davon abbringen lassen, daß der Versuch einer anderen Politik sich lohnt. Über mich wurde ja am Anfang gesagt: Sechs Monate, dann kehrt sie gescheitert in die Universität zurück, aber die Zustimmung zu mir ist in der Bevölkerung groß, und sie wächst auch in der Partei. Allerdings ist richtig, daß das Bild in der Politik dominiert wird von der Machtpolitik.«

1985 – DER SENKRECHTSTART

Machtpolitisch und vor allem pragmatisch sind die Überlegungen, die Frau Süßmuth ins Amt hieven. Die CDU verliert zunehmend bei den Jüngeren, und hier speziell bei den Frauen, das ergibt die Analyse der vorangegangenen Landes- und Kommunalwahlen. Diese Einsicht läutet eine Korrektur der christdemokratischen Frauen- und Familienpolitik ein.

Seit geraumer Zeit ist das Konrad-Adenauer-Haus, die CDU-Zentrale, dabei, der christdemokratischen Union einen modernen Mantel, sprich programmatische Inhalte zu verpassen. Die einfache Formel: Wir sind die Partei des Bestehenden, und das Bestehende besteht, weil es Bestand hat, tauge – so die Analyse aus dem Konrad-Adenauer-Haus – immer weniger, wolle man auf Dauer mehrheitsfähig bleiben. Die »Neue Soziale Frage«, die Ökologie, die Menschenrechtsfrage in Ost und West, die Frauenfrage verlangten nach Richtungsvorgaben für die Partei, nach Zielsetzungen. Das Phänomen der Grünen und die breite Zustimmung zu solchen Themen zeige diesen Bedarf. Eine Partei ohne Antwort auf diese Fragen verkomme – so Geißler und seine Crew – in Starrsinn, Statik und Stagnation. Sie bleibe zurück, verliere wichtige Wählerschichten und werde vor allem von der Jugend rechts liegen gelassen. Nur 6% der Parteimitglieder seien unter dreißig: der Partei drohe eine dramatische Entwicklung.

Der Essener Frauenparteitag Frühjahr 1985 war der erste Schlag, der zweite folgte mit der Ernennung von Rita Süßmuth zur
Familien-, Jugend- und Gesundheitsministerin ein halbes Jahr später. »Durch die Grünen hat moralische Politik Konjunktur bekommen, die Leute haben die Korruption der Flick-Spenden-Ritter satt. Rita Süßmuth ist nichts weiter als die moralische Antwort der CDU auf die Grünen«, giftete die grüne Fundamentalistin Verena Krieger scharfsinnig und doch zu kurz greifend, denn Rita Süßmuth wurde schnell mehr als eine bloße »Antwort« unter dem Gesichtspunkt des Machterhalts. »Die Revolution von oben« – wie Heiner Geißler zu recht das Amalgam aus Feminismus und katholischer Soziallehre nennt, das die neue Frauenpolitik der CDU ausmacht – trifft auf die Bewegung von unten. Aus dieser Begegnung verstand Rita Süßmuth Funken zu schlagen, die sie in helles (Medien-) Licht setzten. Sowohl die Frauenbewegung als auch die Parteien mußten mit einem neuen Faktor rechnen: dem Süßmuth-Effekt.

Den Sommer 1985 über hatte sich das Personalkarussel gedreht: Wer würde nach Heiner Geißlers Verzicht auf das Ministerium seine Nachfolgerin werden? Eine Frau gewiß – das hatte Helmut Kohl den Parteifreundinnen versprochen. Aber da die zu Erwählende weniger Politik machen als die schon vorgelegte Politik repräsentieren sollte, mußte die Auswahl stimmen. »In der Bonner Politik gehören doch alle Unionsfrauen über vierzig zur Witwen- oder Junggesellinnenfraktion«, kommentierte die CSU-Abgeordnete Ursula Männle selbstironisch das Dilemma: »Wie kann es auch anders sein. Für uns gab es nur die Entscheidung Beruf oder Familie.« Die Suche gestaltete sich also schwierig. Die eine Kandidatin sah zwar gut aus, hatte aber ein uneheliches Kind (und gegen sie zogen im Vorfeld schon die Bischöfe zu Felde), die andere war unverheiratet und zu männlich, die dritte zu sprunghaft und out-spoken, die vierte zu alt und im Dienst ergraut. Eine Schau wie beim Schönheitswettbewerb: Die Parteifrauen wurden unter dem taxierenden Blick der Männer gedreht, gewendet – und verworfen. »Wir haben ein neues Regierungsmitglied«, so stellte Pressesprecher Ost die überraschende Gewinnerin des Damenlaufs bei der Bundespressekonferenz vor, »es ist sehr hübsch.«

Am 31. August sind Zeitungen und Nachrichtensendungen voll von Rita Süßmuth. Generell wird die neue Ministerin als Wunder Kohlscher/Geißlerscher Personalfindung gewertet. Es paßt alles: Katholisch ist sie, verheiratet, ein Kind ist vorhanden, sie ist Professorin (ein Plus bei den Intellektuellen, die der CDU traditionell wenig verbunden sind), Leiterin des Instituts »Frau und Gesellschaft« (ein Plus bei den Frauenbewegten), dazu kompetent und freundlich. »Ein Typ«, so läßt sich Jürgen Busche in der *FAZ* hinreißen, »bei dem das Attribut ›nett‹ – von Freunden gebraucht – kein herablassendes Diminutiv bedeutet.« Eine erste und letzte Anerkennung der *FAZ* für die Ministerin Rita Süßmuth, dann folgten vier Jahre Ablehnung – bis sie in das Amt der Bundestagspräsidentin weggelobt wird.

Aber auch Geißler zieht am gleichen Tag Bilanz seiner Tätigkeit als Jugend-, Gesundheits- und Familienminister:

Wiedereinführung des Kindergeldes für Jugendliche ohne Ausbildungs- und Arbeitsplatz; Anhebung des Kinderfreibetrags auf DM 2484,- pro Kind; Einführung des Erziehungsgelds von DM 600,- für die ersten zehn Monate nach der Geburt; Anerkennung eines Erziehungsjahres in der Rentenversicherung; Durchsetzung des Erziehungsurlaubs mit Beschäftigungsgarantie etc.. »Meine Bemühungen um eine Gesellschaft mit menschlichem Gesicht sind erfolgreich gewesen«, konstatiert Geißler zufrieden, jetzt wolle er sich als Generalsekretär hauptsächlich der Partei, der Programmdiskussion (für die CDU ein bis dato fremdes Wort) und den kommenden, heiklen Wahlkämpfen widmen. Für Rita Süßmuth blieben für den Rest der Legislaturperiode ja noch – so etwas verlegen der Generalsekretär bei der Pressekonferenz – die Novellierung des Arzneimittelgesetzes, des Weingesetzes, der Verbraucherschutz und die beginnende Sorge um die Aidskranken, kurzum das wirklich Wichtige sei schon auf die Schiene gesetzt.

Aber Rita Süßmuth setzt durchaus eigene Akzente, zuallererst durch ihre PR-Arbeit. Die ersten sechs Monate im Amt bestehen hauptsächlich aus Vorträgen und Gesprächen. »Mit der kann man ja richtig reden«, äußert ein Journalist in Bonn und setzt damit das Medieninteresse an ihrer Person in Gang, das sie in den nächsten Jahren nicht mehr verlassen wird. Gleichzeitig sagt diese Bemerkung schon alles über den gängigen Bonner Verlautbarungsstil aus. Politik neuer Art: Rita Süßmuth versteht sich nicht als Propagandistin einer – ihrer – Partei, sondern als Propagandistin von Inhalten, mit denen sie übereinstimmt. Das macht die ihr von allen attestierte »Glaubwürdigkeit« aus, und genau das macht sie auch den Politprofis suspekt. »Eine Stunde lang berauscht sie mit ihren (Wahl)Reden die Leute, ohne auch nur mit einem Wort die CDU zu erwähnen. Im Gegenteil«, erzählt ein ehemaliger Mitarbeiter, »da saß dann der Wahlkreiskandidat und ich sagte ihr, daß es üblich sei, ihn anschließend vorzustellen und zu loben. Sie erwiderte erstaunt: »›Aber ich kenne ihn doch gar nicht.‹« Sie versucht bei ihren Reden noch nicht einmal den Anschein zu erwecken, als würde sie für und im Sinne ihrer Partei sprechen. Sie spricht von Aufgaben und Zielen, und sie spricht für sich. Das ist neu. Entsprechend stapeln sich die Interviewwünsche, die Einladungen zu Veranstaltungen ebenfalls. »Mehr als drei Reden pro Tag auf keinen Fall«, ist die Devise für die Gestaltung ihres Kalenders. Sie bekommt Einladungen aus allen Familien- und Frauenverbänden, von der Möbelmesse, dem Verband der Lebensmittelunternehmer, von Kurorten, die eine Veranstaltungsreihe zum Thema »Frau, Familie und Beruf« planen, etc...

Erfolgreiche CDU-Politik hat immer einen Hang zum Populistischen. Kohl weiß die gemütlich-konservativen Stammtischgefühle seiner Landsleute zu packen, Blüm malt nette Idyllen und erzählt lustige Witze, Strauß konnte mit Macht Gefahren beschwören und sie im Zweifelsfall besorgen, Stoltenberg versprach zu seinen Hochzeiten, sich um die bundesdeutschen Portemonnaies zu kümmern, Geißler legte gern so demagogisch los, daß den Zuhörern die Spucke wegblieb, Späth befriedigt den bieder-hausmännischen Sinn für Visionen, Rühe rüpelt – aber Rita Süßmuth? Beständig thront sie auf Platz 2 der Beliebtheitsskala aller PolitikerInnen, wie sie der *Spiegel* regelmäßig veröffentlicht, und doch hat ihre Art, für sich einzunehmen, so gar nichts zu tun mit dem üblichen christdemokratischen Schema: Die Menschen sind eben so, wie sie sind, darin kann man sie nur bestätigen, um sie zu beherrschen. Rita Süßmuth dagegen signalisiert Verständnis, die Fernsehzuschauer oder das Publikum im Saal fühlen sich angenommen und werden dann mit dem Appell an den Verstand konfrontiert.

Die Rationalität, mit der sie ihren Zuhörern begegnet, entspricht eher sozialdemokratischer Tradition, aber geglückte SPD-Politik braucht immer auch mehr: Die Herzen müssen über die Beschwörung einer schöneren Zukunft bewegt werden. Das allerdings ist nicht Rita Süßmuths Art. Willy Brandts bewegende Verkündung vom Aufbruch zu neuen Ufern (»Mehr Demokratie wagen«), Lafontaines gewiefte Taktik, über die Medien hitzige Debatten über neue gesellschaftliche Entwürfe zu entfachen (»Die neue Beteiligungsgesellschaft«) und sich nebenher selbst als Macher zu präsentieren, gehen ihr ab. Das Hantieren mit Zukunftsprogrammen ist ihre Sache nicht, sie bewegt sich, auch gedanklich, immer nur zwei Schritte vor dem allgemeinen Durchbruch von neuen Ideen. So formuliert sie während ihrer ganzen Amtszeit als Ministerin nicht ein einziges Mal programmatisch die Grundzüge ihrer Frauenpolitik. Sie spitzt nicht zu in Richtung auf visionäre Ziele, sondern formuliert einen möglichen neuen, vernünftigen Konsens. Dabei setzt sie weder emotionalisierend auf rückwärtsgewandte Idyllen, noch agitatorisch auf die Faszination von Utopien, sie stellt die Situation dar, wie sie ist, unterschlägt dabei die Widersprüchlichkeiten nicht und stellt Lösungsmöglichkeiten vor. Das ist ernsthaft und wird honoriert.

Und sie spricht immer frei. Anfangs waren die Ministerialen gekränkt, daß Rita Süßmuth die vorbereiteten Reden nicht abliest, sondern sie als Steinbrüche für ihre Gedanken benutzt. Aber die direkte Ansprache macht einen großen Teil ihrer Wirkung aus. Eine Weile lang mag sie noch versuchen, sich an das vorgefertigte Manuskript zu halten, ihr Kopf geht ruckweise auf und ab, während sie zwischen dem Augenkontakt mit den Zuhörern und den Zeilen des Redekonzepts hin und her wechselt. Dann gibt sie es auf, legt die Vorlage beiseite, und alle haben das Gefühl, sie werden persönlich in ihre Überlegungen miteinbezogen. Es sind eigene Gedanken und Überzeugungen – das entgeht im Saal niemandem –, immer wieder ergänzt durch neue Erfahrungen und Informationen, und nicht die ständig durchgenudelten Abzüge der offiziellen Parteiposition. Das kann zu mancherlei Verblüffung führen, so wenn sie nach ihrer USA-Reise unvermutet, und von der CDU mit einem Schreckensschrei quittiert, laut über die Freigabe von Marihuana nachdenkt.

Es dauert ein halbes Jahr, dann ist sie das CDU-Zugpferd geworden. Jeder bis dahin zögerliche CDU-Ortsverein will seine Veranstaltung mit der neuen Ministerin. Der Vorteil dieses endlosen Terminslaloms ist, daß Rita Süßmuth zumindest weiß, was die Leute wirklich bewegt, sie verschwindet nicht nach der Rede, sondern bleibt und diskutiert. Sie hat immer volle Säle, die Hälfte des Publikums sind Männer. Regina Görner, Rita Süßmuths persönliche Referentin, die mit ihr quer durch die BRD reiste, erzählt von der Bewegtheit der Veranstaltungen: »Die Frauen um die vierzig hatten Süßmuth als Identifikationsfigur angenommen. Sie kamen manchmal mit Tränen aus einer Veranstaltung. Viele sind jetzt in der Situation, daß sie gerne eine Menge anders gemacht haben würden, und die Ministerin vermittelt ihnen das Gefühl: Ihr müßt nicht das, was ihr gemacht habt, schlecht finden, aber eure Töchter werden vieles anders machen.« Von Rita Süßmuth medial an die Hand genommen, erlebte die Bundesrepublik einen zweiten, breite Bevölkerungskreise erfassenden Durchgang der Themen der Frauenbewegung.

Vielen Zuhörerinnen vermittelt sie auch die Lust, sich selbst in die Politik einzumischen. Die ehemalige Mitarbeiterin des Forschungsinstituts in Hannover, Frau Reimann, faßt das so zusammen: »Bei der Süßmuth habe ich zum ersten Mal gedacht, daß Macht auch etwas Schönes sein kann. Ich könnte mir jetzt selbst vorstellen, in die Politik zu gehen. Bevor ich ihre Auftritte im Fernsehen sah, war für mich Frauen und Macht immer nur mit unerotischen, asexuellen, unattraktiven Matronen verbunden.« Sogar die Garderobe von Rita Süßmuth wird somit politisch bedeutsam. »Sie legt Wert auf schöne Kleider«, äußert Frau Reimann zustimmend. Und der ehemalige Bundestagsabgeordnete Jo Müller (Die Grünen) stellte fest, daß sich mit Rita Süßmuth auch die Mode im Bundestag verändert hat. »Nach ihren ersten Auftritten kleideten sich auch andere Politikerinnen plötzlich viel bunter, schöner und kostbarer – einfach weiblicher.« Es schien, als ob Frausein in der Politik kein durch strenges Kostüm oder dunkles Jackett zu vertuschendes Manko mehr sein müsse. Womit einige der grünen Parlamentarierinnen bei ihrem Einzug ins Parlament noch provoziert hatten – betont, aber lässig zur Schau getragene Weiblichkeit -, Rita Süßmuth setzte es mit lila Pumphosen und Stöckelschuhen als Selbstverständlichkeit durch.

Die neue Ministerin brachte Bewegung in die Republik. Die Männer konnten – wie sie es so gerne tun –, Rita Süßmuth nicht einfach als zu kurz gekommene Matrone oder unattraktive Emanze hinstellen, die in der Politik persönliche Defizite kompensiere; und die Frauen verloren durch ihr Beispiel die Angst, beruflicher Erfolg könnte mit männlicher Mißachtung ihrer Weiblichkeit quittiert werden. »Durch ihre PR-Arbeit hat sie mehr erreicht als durch neue Gesetze«, faßt Regina Görner den Erfolg der Ministerin zusammen. Ihre Beliebtheit wurde schnell eine reale Macht, aber eine, die nicht überall gerne gesehen wurde. Widerstände begannen sich zu regen, insbesondere als sie anfing, laut darüber nachzudenken, ob ihr Ministerium für Familie, Jugend und Gesundheit nicht den Zusatz »für Frauen« aufnehmen sollte.

»Man muß das so sehen«, erklärt Ursula Männle das heute, »Erziehungsgeld ja, da waren alle Männer in der CDU/CSU-Fraktion dafür, aber bei dem Erziehungsurlaub mit Beschäftigungsgarantie kamen ihnen die Zweifel. ›Wollen wir denn wirklich, daß die Frauen nach der Geburt eines Kindes wieder in den Beruf zurückkehren?‹ machte damals unser Fraktionsvorsitzender Dregger Stimmung, und er stand nicht alleine da.« Kritisch wurde jedesmal vermerkt, wenn Rita Süßmuth von weiblicher Berufstätigkeit sprach, ohne im selben Atemzug die Gleichwertigkeit der Hausfrauenarbeit zu betonen. Trotzdem konstatierte die Süddeutsche Zeitung vom 8.4.86: »Stillschweigend, aber merklich hat Rita Süßmuth ihrem Ministerium ein viertes Ressort hinzugefügt, welches sich auch nicht einfach dem bis dahin allumfassenden Begriff der Familie zuordnen läßt – das der Frauen.«
Auch die Entschiedenheit, mit der sie sich anfangs gegen jede Verschärfung des § 218 wandte, stieß auf Widerspruch. »Ich bin zwar nicht der Meinung, daß die Frage der Abtreibung allein die Frauen betrifft, aber die Tatsache, daß es überwiegend Männer sind, und dabei nicht immer gerade die jüngeren Familienväter, die für eine Verschärfung plädieren, wird mir erhebliche Selbstdiziplin abverlangen, nicht auch mal explosiv zu werden.« Der Konflikt in ihrer Partei schien vorprogrammiert, wenn er auch vorerst durch das Wohlwollen des Kanzlers, durch die Unterstützung aus dem Konrad-Adenauer-Haus, durch das Aufschieben von Entscheidungen, etwa zum § 218, und vor allem durch ihren außerordentlichen öffentlichen Erfolg unter der Decke gehalten wurde.

1986 – SCHWEBEZUSTAND

Die Gegner formierten sich zögernd. Im Januar 86 schrieb *Die Welt* scheinbar verwundert: »Erstaunen löste ihr betontes Bemerken im kleinen Kreis aus, daß es ihr an Rückendeckung vom Bundeskanzler nicht gemangelt habe, daß ihre Politik ihr jedoch objektiv schade.« Die Ministerin hatte verstanden, daß sie nur mit einem Abgeordnetenmandat im Hintergrund auf Dauer politisches Gewicht bekäme. Der Bischof von Hildesheim setzte sich jedoch strikt gegen ihr Ansinnen, sich in seinem Städtchen um ein Direktmandat zu bewerben, zur Wehr. Unter anderem ihre emotionale Äußerung zum § 218 hatte ihn verärgert. Zur Gehorsamsforderung der Kirche – man glaubt eben das, was die Hierarchie lehrt – hat die Linkskatholikin Rita Süßmuth ein gebrochenes Verhältnis.

Nicht die Bischofsstadt, die Universitätsstadt Göttingen räumte ihr schließlich einen Platz ein.

Im April 86 gründeten Süßmuth-Gegner in der CDU einen Verein unter dem Vorsitz der nordrhein-westfälischen Politikerin Johanna Gräfin von Westfalen (NRW-Vorstand) mit dem Ziel, eine Verschärfung des § 218 durchzusetzen. »Christdemokraten für das Leben e.V.« heißt die »Lobby für das ungeborene Kind«. Die Vorsitzende, eine Mutter von sechs erwachsenen Kindern, griff Frau Süßmuth frontal an: Sie vermisse eine deutliche Linie zum § 218, es reiche nicht, nur zu verkünden, daß Veränderungen zur Zeit nicht machbar seien, das sei keine klare Politik.

In einem Kurzinterview in der *Zeit* hatte Rita Süßmuth geplaudert, daß u.a. Simone de Beauvoir zu ihren Lieblingsschriftstellerinnen gehöre. Plötzlich findet sich dieses Zitat gekoppelt mit radikalen politischen Äußerungen der französischen Schriftstellerin zum Recht auf Abtreibung in fundamentalistischen Kirchenblättchen wieder. Flugblätter werden von den Lebensschützern vor ihren Auftritten verteilt. In der Regel ziehen sie bald verunsichert ab, hatten sie doch eine wilde Emanze erwartet, gegen die Himmel und Hölle in Bewegung zu setzen sei. Stattdessen werden sie mit Verständnisbereitschaft und einem Diskussionsstil überrascht, der ihr Weltbild durcheinander bringt. Dennoch wird der Ruf nach der von der CDU im Wahlkampf versprochenen konservativen Wende, also auch nach einer Verschärfung des § 218 lauter.

Es knirscht im Untergrund der Partei. Die Zustimmung oder Ablehnung zur Person Süßmuth repäsentiert die Schnittstelle, an der sich das links- bis konservativ-liberale Lager vom reaktionären trennt. Rita Süßmuths Interventionen beginnen die Gesellschaft nachhaltig zu polarisieren, und das nicht entlang von Parteigrenzen, sondern entlang grundsätzlicher Haltungen, erstens zur Frage ziviler Moral (Aids) und zweitens zur Zukunftsgestaltung der Gesellschaft (Frauen- und Familienpolitik). Der Riß geht quer durch die Unionsparteien. Ungefähr ein Drittel lehnt Rita Süßmuth heftig ab. »I halt von den Weibern in der Politik nix«, volkstümelt Bundesinnenminister Zimmermann. »Zumindest von keiner, die Mann und Kind zu Hause hat«, mögen andere aus der rechten Ecke mildernd ergänzen. Denn daß eine Ehefrau und Mutter erst an der Universität, dann in der Politik reüssiert, stört allein schon das überkommende Familienbild. Daß sie sich als Modell für viele, auch konservative Frauen, anbietet, bereitet Unbehagen, daß sie mit Unterstützung des Konrad-Adenauer-Hauses die eigene Lebensform (Vereinbarkeit von Familie und Beruf, Partnerschaftlichkeit) zum Parteiprogramm erhebt, erbost.

Aber nicht nur bei den Rechten, auch bei der FDP und dem Wirtschaftsflügel der CDU stößt Rita Süßmuth auf Widerstand. Die notwendige Veränderung der Gesellschaft, die Aufhebung der Benachteiligung von Frauen, muß sich gesetzlich u.a. konkretisieren in Frauenförderungs- und Wiedereingliederungsprogrammen, in Arbeitsplatzgarantie nach dem Erziehungsurlaub, den Rita Süßmuth auf zwei Jahre verlängern möchte. Und das kostet Geld. Ihren Argumenten, daß die ersten Jahre für die Entwicklung des Kindes die wichtigsten seien und es für Wickelkinder weder genug Krippen noch adäquate Fremdbetreuung gebe, stellt Graf Lambsdorff den immer wieder gern zitierten Satz entgegen: »Die Dame ist mir lieb, aber zu teuer.« Nichts fürchte und hasse sie so sehr, erzählt Frau Süßmuth, wie die Art der Männer, Frauen in der Politik nicht ernst zu nehmen und sie jovial verächtlich zu machen. »Es gibt Muster, deren sich die Männer noch nicht einmal bewußt sind: Immer wenn Frauen sprechen, die Qualität der Aussage in Frage zu stellen. Das ist das Verletzendste.«

Vorerst allerdings hält, allen spitzen Bemerkungen und untergründigen Widerständen zum Trotz, die Erfolgssträhne an. Auf der Bundesdelegiertenversammlung der CDU-Frauenunion wird sie zur ersten Vorsitzenden gewählt, womit sie ohne großes Zutun eine Hausmacht in ihrer Partei bekommt. Im Vorfeld dieser Wahl hatte auch Heiner Geißler kräftig mitgemischt und Fäden gezogen, und Rita Süßmuths emotionaler Appell: »Liebe Frauen, ich brauche Sie, es genügt nicht zu sagen, wir stehen hinter ihr, aber als Vorsitzende wollen wir sie nicht«, verschafft ihr den Sieg über die altgediente Gegenkandidatin Renate Hellwig. Diese hatte vergeblich die Delegierten beschworen, die Qualitäten eines »alten lädierten Schlachtrosses« nicht gering zu schätzen. Auch die Frauenunion will den Aufbruch zu Neuem.

Kurz nach der Atomkatastrophe in Tschernobyl, Panikstimmung ist bei großen Teilen der Bevölkerung ausgebrochen, sieht von Geißler die Stunde zur Realisierung seiner Pläne für gekommen an. Er bewegt Kohl zu einem zweiten überraschenden PR-Schlag: Walter Wallmann wird zum ersten Bundesumweltminister der Bundesrepublik ernannt, Rita Süßmuth zur ersten Bundesfrauenministerin.

Knapp vier Monate sind es her, daß die erste rot-grüne Landesregierung dieser Republik sich nach heftigem Gerangel untereinander auf die Installierung einer erstmaligen Staatssekretärin für Frauenangelegenheiten geeinigt hat. Die Grünen hatten eine Frauenministerin gefordert und waren an dem sturen »Nein« des hessischen SPD-Ministerpräsidenten Börner gescheitert, für den ein solches Amt ein dem Wahlvolk und besonders der eignen Partei nicht zu vermittelnder Hokuspokus war. Statt der »innovativen« rot-grünen Koalition in Hessen können nun Kohl und Geißler die Meriten beanspruchen, ein solches historisch neues Amt geschaffen zu haben. »Daß der von den Feministinnen und der Öffentlichkeit so beliebte Medienstar nicht durch eigene Kraft und den politischen Druck von Frauen zur Frauenministerin gekürt wurde, sondern durch eine Reaktorkatastrophe, ist eine außerordentlich deprimierende Einsicht in herrschende Frauenpolitik«, grantelte denn auch das Frankfurter Stadtmagazin *PflasterStrand*, in dem zuerst der Plan eines (hessischen) Frauenministeriums öffentlich vorgestellt worden war.

Die Frauenbewegung und die Grünen fühlen sich ihrer ureigensten Ideen plötzlich enteignet, und zwar von einer Partei, die immer bestrebt war, sie gesellschaftlich auszugrenzen. Es fällt ihnen schwer, den Titelzuwachs der christdemokratischen Ministerin als den Sieg der eigenen Ideen zu feiern, was er vom Urheberrecht her gesehen ist. Bezeugte es nicht, wie breit die Zustimmung zu den Frauenforderungen inzwischen gediehen war? Hätte die christdemokratische Volkspartei sonst etwas von ihren Gegnern übernommen?

»Etikettenschwindel«, »Alibifrau« – waren letztendlich leerlaufende Äußerungen von Frustration. Doch gleichgültig, wie die neue Frauenministerin zu beurteilen sein wird, das Amt selbst kann keine nachfolgende Regierung mehr aus der Welt schaffen. »Ich bin ein wenig stolz«, freute sich Rita Süßmuth. Ihre neuen Kompetenzen waren zwar nicht geklärt, trotzdem beinhaltete der Titel, daß fortan auch regierungsamtlich Frauenpolitik nicht mehr in Familienpolitik aufgehen wird: ein weiterer Schritt der Anpassung der (konservativen) Ideologie an die Wirklichkeit.

Der politische Kurswert Rita Süßmuths steigt durch diesen Erfolg abermals. Auf der niedersächsischen Landesliste bekommt sie den ersten Platz und »die Plakatierung für den Wahlkampf erweckt den Eindruck, als sollte nicht Ernst Albrecht sondern Rita Süßmuth Ministerpräsidentin werden« (*FAZ* 26.6.86). Die Ministerin ist auf dem höchsten Punkt ihres Senkrechtstarts angelangt. Was jetzt folgt, ist Schwebezustand.

Bis dahin hatte Rita Süßmuth die schwelenden Konflikte mit leichter Hand und sympathisch-klugen Worten ferngehalten – nach der Sommerpause begannen die Schwierigkeiten sie jedoch einzuholen. Sie mußte nun mit ihren vielen Absichtserklärungen Ernst machen, d.h. unbequem werden. Auch registrierte sie erst jetzt, daß sie nicht nur der gefeierte Allunionsstar war, sondern daß sie mit ihrer Politik und ihrer Wirkung einem besonderen Lager in der Union zugerechnet wurde, dem Lager der Reformer um Heiner Geißler im Konrad-Adenauer-Haus und um Ulf Fink von der CDA. Und auch über diese braute sich Sturm zusammen.

Vorerst jedoch begann sich die CDU-Frauenunion zu regen. War bislang die FU ein nicht weiter beachtetes Reservat für »unsere Frauen«, verbreitete sich nach dem Essener Parteitag und der Wahl von Rita Süßmuth zur Vorsitzenden vorsichtiger Kampfgeist. Nicht daß die verstorbene Vorsitzende Helga Wex ein zartes Kinder-Küche-Kirche-Pflänzchen gewesen wäre – im Gegenteil, viele Positionen von Rita Süßmuth teilte sie durchaus, nur hatte sie weder in der Partei noch in der Öffentlichkeit damit Interesse zu wecken gewußt. Und die FU war im großen und ganzen ein konservativer Hausfrauenverein: »Zum Landestreffen der FU in Hannover«, erzählt ein frustriertes Mitglied, »kamen hauptsächlich ältere Frauen, für die war Rita Süßmuth so'ne Linke.« In der CDU sind junge Frauen eben in der Minderheit erzkonservativ, in der Mehrheit schlicht abwesend, wie vom Konrad-Adenauer-Haus immer wieder mit Besorgnis festgestellt wird. Frau Geschka, Staatssekretärin für Frauenangelegenheiten im hessischen Kabinett Wallmann, sieht das inzwischen etwas anders: »Heute bewegt sich die Zustimmung zu Rita Süßmuth in der Frauenunion so etwa bei 50%.«

Rita Süßmuth, so Ursula Männle, stärkte das Bewußtsein, daß die FU nicht nur eine Schutzzone für die Schwachen, für starke Frauen völlig überflüssig sei. Birgit Breuel z.B., die frühere niedersächsiche Finanzministerin, distanzierte sich gerne öffentlich von der FU: Sie habe so etwas nicht nötig. Auch Christa Thoben, 1989 ins CDU-Präsidium gewählt, sah sich lieber als Selfmadewoman denn eingebunden in Frauensolidarität. Aber das Verhältnis zur FU änderte sich nach Süßmuths Amtsübernahme auch bei ihr.

Mit einer ähnlichen Haltung ist Rita Süßmuth ein Jahr später auf einer Tagung des deutschen Instituts der Wirtschaft konfrontiert. Auch dort prallen die Gegensätze zwischen ihr und der Vereinigung der Unternehmerinnen aufeinander. Letztere warnen vor Zwangsmaßnahmen bei der Frauenförderung. »Wer keine Ellbogen hat, soll von Karriere Abstand nehmen«, heißt es kurz und knapp, und: »Der Unterschied

zwischen der Karrierefrau und der Quotenfrau könnte sich verwischen, das können wir nicht wollen.«
Die Sorge um die Besitzstandswahrung findet sich nicht nur bei den Männern, auch die wenigen Frauen, die den Aufstieg nach oben, mit welchen persönlichen Opfern auch immer, geschafft haben, wollen ihren Platz als Ausnahme von der Regel behaupten. Schließlich müssen die Mühen der Durchsetzung sich auch gelohnt haben. Andere sollen es nicht leichter haben. So ziehen konservative Frauenverbände, die gegen weibliche Berufstätigkeit agitieren, und die Karrierefrauen in der Vereinigung der Unternehmerinnen plötzlich an einem Strang nach dem Motto: Bewahren wir den Status quo!
Trotzdem wird Rita Süßmuth nicht müde, von den Wirtschaftsverbänden die Festsetzung von Richtwerten für die Verteilung von Frauen auf die einzelnen Funktionsstufen zu fordern. »Eine Pflicht dazu könnte Bestandteil der Tarifverträge sein«, appelliert sie gleichzeitig an die Gewerkschaften. Sie plädiert für Kontaktkurse in Betrieben, damit Frauen in der »Familienphase« den beruflichen Anschluß nicht verlieren, und setzt sich dafür ein, die Beweislast bei Klagen über Benachteiligung von Frauen stärker auf der Arbeitgeberseite verankern. »Am Anfang hat mich die Wirtschaft gemieden, wo es nur ging«, erzählt sie, »und wenn sie mich eingeladen haben, dann nur widerwillig.« Anpassung der Arbeitswelt an die Bedürfnisse der Familien – ein Thema, für Unternehmer wie für Gewerkschaftler gleichermaßen ein Greuel, sprengt es doch den klassenkämpferischen Rahmen der Tarifauseinandersetzungen und begründet neue, ungewohnte Frontstellungen.

Unruhe macht sich in der Partei breit, als Rita Süßmuth ihre Parteifreundinnen auffordert, die Loyalität zu ihrer eigenen örtlichen Parteiorganisation auf ein schwesterliches

Netzwerk zu verlagern und eigene Strategien zu entwickeln. Das hören die Parteifreunde nicht gern. Langsam, aber nachdrücklich beginnt die FU so etwas wie eine geschlossene Interessengruppe zu werden, und nicht mehr nur ein Haufen von Frauen zu sein, die Männer beliebig gegeneinander ausspielen oder auch umgehen können. »Früher«, berichtet Ursula Männle, »haben die Männer doch Frauen auf die Listen gesetzt, die sie bequem, nett oder attraktiv fanden, heute ist es für sie nicht mehr so leicht, einen Vorschlag der Frauenunion einfach zu ignorieren.« Frau Männle weiß, wovon sie redet. Der Platz 2 auf der CSU-Landesliste für die Landtagswahl 1990 wurde ihr erst nach massiven Interventionen von FU-Frauen beim Parteivorstand zugestanden.

Eine PR-wirksame Frau an der Spitze, das war der CDU recht, aber ein, wenn auch zaghafter Aufbruch der Frauen-Union zu Macht und Posten schien der Mehrheit degoutant. Doch Rita Süßmuth bemühte sich, den Ruch der Alibi-Frau loszuwerden, und die Unionsfrauen wollten endlich das haben, was Rita Süßmuth so schön öffentlich propagiert. Vorsichtig-diplomatisch, aber mit neuen Selbstbewußtsein forderte die FU Ende August 1986 »in etwa« 21% aller Posten und Mandate für Frauen (das entspricht dem Anteil der weiblichen Mitgliedschaft). Kein SPD-Mitglied gewann in der CDU/CSU-Männerfraktion im Laufe der nächsten Jahre so viel Zustimmung wie der nordrhein-westfälische SPD-Fraktionsvorsitzende Friedhelm Farthmann, der in Stammtischlaune sauigelte, daß die meisten seiner Parteigenossinnen ihren Posten nur deshalb hätten, weil sie »zwischen den Beinen anders aussähen als Männer«: eine Halbstarkenreaktion auf den Quotenbeschluß der SPD. Rita Süßmuth schaffte es durch ihre freundlich-unnahbare Art – andere sagen »durch ihren Appell an Beschützerinstinkte« (G. Bannas von der *FAZ*) – zwar immer, Dezenz und Höflichkeit bei den Männern zu erzwingen, das beginnende Gerangel um Posten zwischen den Geschlechtern wurde dennoch auch in der CDU gröber.

Aber nicht nur die leisen Drohungen mit Quotierung machten den Männern ihrer Partei klar, daß Rita Süßmuth für mehr als attraktive Public Relation-Arbeit steht. Die beginnende Diskussion über ein Gesetz zur Vergewaltigung in der Ehe vermasselte vielen Parteifreunden schlagartig die Stimmung. Kam die Idee für ein solches Gesetz nicht überhaupt aus der feministischen Ecke? Gab es nicht einen ähnlichen Entwurf von Grünen und SPD aus dem Jahre 1983, mit dem Vergewaltigung in der Ehe der Vergewaltigung außerhalb der Ehe gleichgestellt werden sollte? Mußte sich die Union neuerdings zur Vollzugsgehilfin des Feminismus machen? Reichte es nicht, wenn schon die Zufluchtshäuser für geschlagene Frauen z.T. staatlich finanziert werden? Hilflos plädierte die *FAZ*, das Hausblatt der Wende, dafür, das Problem Gewalt gegen Frauen durch die Wiederaufbereitung des schönen alten Begriffs der »Ritterlichkeit« zu lösen. Und die meisten Parteifreunde hielten das ganze sowieso für blanken Unsinn. »Für solche Probleme gibt es schließlich die Scheidung« (Norbert Blüm).

Aber Rita Süßmuth bleibt hartnäckig. Ganz im Zeichen des Feminismus, setzt sie auf die sexuelle Selbstbestimmung der Frau. Das bis heute nicht revidierte Bundesgerichtsurteil aus dem Jahre 1966 skandalisiert nicht nur sie. Danach besteht »eine Pflicht der Frau zur Geschlechtsgemeinschaft, die ständig wiederholt werden muß« und bei der es auch nicht reicht, »wenn die Frau die Beiwohnung teilnahmslos über sich ergehen läßt«: Sie muß auch »Beglückung« zeigen. Durch den Bundestag weht plötzlich ein Hauch feministischer Aufbruchsstimmung. Auch die FDP-Vorsitzende Adam-Schwaetzer hielt jedem, der ihr über den Weg lief, demonstrativ den Text des Bundesgerichtsurteils unter die Nase.

Im Verein mit Frauen anderer Parteien fordert Rita Süßmuth, Vergewaltigung in der Ehe, was das Strafmaß und die Deliktschwere betrifft, mit der Vergewaltigung außerhalb der Ehe gleichzusetzen. Damit rührt sie tatsächlich an männliche »Besitzstände«, die bei den Christdemokraten, mehr noch als in anderen Parteien, ihre Lobby haben. Im Gegensatz zum zuständigen Justizminister Engelhard (FDP), der am althergebrachten Gewaltbegriff festhält, will Rita Süßmuth (wie die Grünen und die SPD auch) seelischen und psychischen Zwang in das Gesetz mit aufnehmen, denn immer noch herrsche die landläufige Meinung vor, daß die meisten Mädchen und Frauen erobert, was in diesem Sprachgebrauch heißt: zum Geschlechtsverkehr gezwungen werden möchten.

Völliges Unverständnis herrscht sowohl bei ihr wie auch vielen anderen Frauen über den Unterschied vor, den bislang das Gesetz, zwischen erzwungenem »herkömmlichen« Beischlaf und erzwungener analer und oraler Penetration macht. Letztere wird bis dato nur als Nötigung geahndet, da keine Zeugungsgefahr bestehe. Die Demütigung der Frau wird eben nur beiläufig geahndet, schwerwiegend ist allein, daß dem künftigen oder gegenwärtigen Gatten ein illegitimes Kind untergeschoben werden könnte. Das greift in seine Besitzrechte ein.

Ebenfalls streitet man sich über den Begriff »minderschwerer Fall«, den die Frauen- und Familienministerin streichen möchte. Richter greifen bei Prozessen zwischen Ehepartnern häufig darauf zurück und bagatellisieren somit den Strafbestand der Vergewaltigung in der Ehe. Auch will der Justizminister dem Opfer ein »Widerspruchsrecht« einräumen, das zur Einstellung des Verfahrens führt, wenn die

Frau es wünscht. Rita Süßmuth befürchtet, daß die betroffenen Frauen dann von ihren Ehemännern und Familien unter Druck gesetzt werden. Sie plädiert für einen »Versöhnungsvorbehalt«. Das Tauziehen hält bis heute an.

Mit Hilfe dieses Gesetzes könne vom Staat in jedem Schlafzimmer rumgeschnüffelt werden – außerordentlich liberal gab sich die Ablehnung der Kollegen aus den Unionsparteien wie auch aus FDP und SPD. Darum geht es nicht, erläuterte Rita Süßmuth ein ums andere Mal, ihr käme es auf die Stärkung des Bewußtseins an, daß über die Ehefrau nicht beliebig verfügt werden darf, daß Vergewaltigung niemals ein Kavaliersdelikt ist. »Kegelbrudermentalität«, so der *Spiegel* in einem Bericht über die »Arbeitsgruppe Recht« der Unionsfraktion, herrschte auf der Sitzung: »Die sagen, die Frau ist so'ne Art Verfügungsmasse in der Ehe. Die hat zu wollen, wenn der Mann will... und dann grinsen die Herren breit.«

Sexualität, Vergewaltigung, Abtreibung, Aids, Drogen, Diskriminierung, Macht und Ohnmacht – das sind die Themen, zu denen sich Rita Süßmuth äußern muß. Ein Wunder, daß es ihr im Bonner Milieu nicht auf Dauer die Sprache verschlägt, redet sie doch für die Opfer und wird von der herrschenden männlichen Normalität potentiell doch dazu gerechnet. Sie muß Stärke und Souveränität ausstrahlen, gerade wenn es um die »Schmuddelthemen« geht, die gleichzeitig die Grundthemen des Geschlechterverhältnisses sind. Sie muß den Gesprächen und Debatten von vorneherein jeden Hauch von Stammtisch nehmen. Entsprechend verweigert sie sich auch der Bonner Klüngelwirtschaft und der Einzelbearbeitung von Parlamentariern beim Essen oder privaten Plausch, wie Helmut Kohl es ihr rät. Kann man denn einen selbstzufrieden ablehnenden Abgeordneten beim Sekt überzeugen, doch bitteschön für das Gesetz zur Vergewaltigung in der Ehe zu stimmen? Darf man ihn bearbeiten oder bezaubern, daß er sich für Frauenförderpläne einsetzt? Das würde das bestehende Herrschaftsverhältnis nur fortschreiben. Es geht nicht, selbst wenn der Kanzler sie beschimpft, keine Ahnung von Politik zu haben. Ihr Amt und ihre Themen sind für die übliche private Überzeugungsarbeit nicht geeignet.

Die Unionsfrauen allerdings bindet sie nicht genügend in die Arbeit ein. »Sie ist eine Einzelkämpferin«, hört man aus deren Kreisen, »sie informiert nicht rechtzeitig genug, um geschlossenes Auftreten zu ermöglichen, sie bedient sich nicht der vorhandenen Strukturen, sie bildet keine Seilschaften. Sie appelliert zwar an die Frauen, eigene Netzwerke zu bilden, selbst aber zieht sie die Jeanne-d'Arc-Position vor. Auch ihre Beliebtheit nutzt sie nicht, um öffentlich für aktive Mitarbeit in der Frauenunion zu werben.«

Das Erstaunliche ist, daß die Christdemokratin Rita Süßmuth die Themen und Argumente der feministischen Bewegung mit Verve und unter ungeheurem persönlichen Einsatz vertritt, ohne emotional stützendes Hinterland, ohne je Teil der Bewegung gewesen zu sein. Aber sie wird ihr Medium. Sie repräsentiert nicht den Freiheitswillen, die individuelle Lust und den gemeinsamen Aufbruch, das Abschütteln von Fremdbestimmung und die durch ein weibliches Kollektiv unterstützten Schritte zur Selbstbestimmung. Statt dessen verpflichtet sie sich den rationalen, in Gesetze und Maßnahmen umsetzbaren Anteilen der Frauenbewegung, stößt dabei allerdings schnell an die Grenzen der Überzeugungskraft durch Vernunft. Das merkt sie auf die Dauer selber, ihr »Aufruf zu einer dritten Frauenbewegung« Herbst 1989 kann als Eingeständnis des Scheiterns von administrativem good-will verstanden werden.

Zwölf Monate nach ihrer Ernennung titelt die Süddeutsche Zeitung: »Rita Süßmuth verliert an Glanz. Die Koalitionsdisziplin verlangt ihren Tribut, fordert Anpassung und verordnet Unbeweglichkeit.« Hatte sich Rita Süßmuth im Juni noch über ihre Ernennung zur ersten Frauenministerin der Bundesrepublik gefreut und diese als epochales Ereignis gefeiert, wird das folgende Jahr – was die Frauenpolitik betrifft – fast gänzlich durch den Kampf um die tatsächliche Bedeutung des Titels »Frauenministerin« geprägt. Ernannt wurde sie im Juni 86, die Festlegung der Rechte und Pflichten, die mit dieser Ernennung zusammenhängen, werden immer wieder verschoben: »Nach der Niedersachsenwahl«, »nach der Sommerpause«, »nach der Bundestagswahl«, vertröstete sie Helmut Kohl genervt. Rita Süßmuth will ein Vetorecht gegen Frauen benachteiligende Initiativen, sie will die Federführung für alle die Frauen besonders betreffenden Gesetze, sie will Kompetenzen aus den anderen Ministerien. Was die Einzelkämpferin verlangt, ist enorm. Im rot-grün regierten Hessen hatte die Staatssekretärin für Frauenangelegenheiten noch nicht einmal Rederecht vor dem Parlament zugestanden bekommen. Kaum ein halbes Jahr später verlangt eine christdemokratische Bundesministerin eine gewaltige Machtverschiebung zugunsten der Frauen. Die Herren Kollegen verstehen die Welt nicht mehr, ihre Reaktion: in Deckung gehen und den Grabenkrieg organisieren.

Die einzelnen Minister weigerten sich ohne großen Begründungsaufwand, Teile ihrer gesetzgeberischen Kompetenzen herauszurücken. Das Justizministerium ließ knapp verlauten, aus »fachlichen Gründen« gehe es nicht an, die Gesetzesplanung zum Opferschutz, zur Vergewaltigung in der Ehe, zum Adoptionsrecht etc... abzugeben. Arbeitsminister Norbert Blüm klammerte sich an das EG-Anpassungsgesetz und den Frauenarbeitsschutz, Innenminister Friedrich Zimmermann entdeckte seine Herz für die Kompetenz in puncto Frauenförderpläne und Teilzeitarbeit im öffentlichen Dienst. Und so zog sich das untergründige und erbitterte Gerangel über den Herbst, durch den Wahlwinter...

1987 – GEGENWIND

Renate Schmidt (SPD) stichelt aus der sicheren Opposition heraus im Bundestag: »Wallmann hätte seinen Titel als Umweltminister nicht genommen ohne erklärte Kompetenzen, ohne Personal. Ich erwarte von einer Frau in Ihrer Position, Frau Süßmuth, daß Sie erkennen, daß die Männer Sie brauchen, um Wahlen zu gewinnen, daß Sie ihre Macht für die Durchsetzung von Fraueninteressen einsetzen und sich nicht mit Brosamen abspeisen lassen.«

Auch Margrit Gerste klagt in der *Zeit* mehr Durchsetzungsfähigkeit ein: »Damit ihr Frauenministerium, Kohls Propagandacoup nach Tschernobyl, politisch bedeutsam, also mit Macht ausgestattet wird, muß Rita Süßmuth gewinnen, was Zimmermann, Blüm, Engelhard verlieren. Sonst kann sie's drangeben. Sonst bliebe Frauenpolitik reduziert auf die Herstellung von Gleichberechtigung zwischen Alte und Kranke pflegenden und kindergebärenden Hausfrauen auf der einen Seite und berufstätigen Frauen auf der anderen, also zwischen Frauen – dem Patriarchat kann es mehr als Recht sein.«

Die Ministerin kämpft und wird hingehalten. Sie droht mehrmals, den Titel wieder abzugeben, da eine Partei sich nicht mit Frauenpolitik schmücken könne, ohne Ernst zu machen. »Man ist in diesen Prozessen großem Druck ausgesetzt«, erzählt sie im Rückblick, »und der Druck besteht darin, ob man durchhält, obwohl alle einem raten: Hör auf, nimm deine Forderungen zurück, du wirst keinen Erfolg haben, sei vorsichtig, du verlierst noch dein Amt.«

Rita Süßmuth beginnt für Helmut Kohl durchaus lästig zu werden. Die Bundestagswahl ist zwar gewonnen, die Unionsparteien haben aber ein Minus von 4,5% hinnehmen müssen, und die Parteiflügel schlagen sich die Schuld daran wechselseitig um die Ohren. Populäre Themen gäbe es doch genug, schimpfen die Bayern, die Wende sei nicht gekommen, der rechte Rand würde durch Süßmuth in die Wahlenthaltung getrieben, und ihretwegen wähle keiner aus der linken Mitte CDU. Ihre Beliebtheit in der Bevölkerung bringe den Christdemokraten keine einzige Stimmen. Ohne Rückendeckung aus der eigenen Partei wird sie den verletzenden Anwürfen von Franz-Josef Strauß bei den Koalitionsverhandlungen preisgegeben. Heftig wie ein randalierender Holzfäller und dabei mit dem Witz eines ABC-Schützens, der für seine Zotenkünste bewundert werden will, geht der Bayer sie wegen ihrer Aidspolitik und den Verzögerungen bei der Änderung des § 218 an: Aus der Christenunion wolle die »Dame ein Neues Zentrum/Pariser« machen, (er spielt offenbar auf das Centre Pompidou an), ihr Ministerium könne man als »Ministerium für Fahne, Rotz und Geistlichkeit« beschreiben. Und überhaupt wolle »Süßmuth, unterstützt von Geißler und Blüm, die CDU nach links treiben« (*Spiegel*).

Statt um die künftigen Kompetenzen des Frauenministeriums wird bei den Koalitionsverhandlungen um das Einlösen der Versprechen der »Wendepolitik« geboxt, also auch um die Verschärfung des § 218. Noch während der Verhandlungen verkündet Edmund Stoiber (CSU Staatsminister) triumphal: »Wir haben Riesenfortschritte in der Diskussion um den Mißbrauch der sozialen Indikation gemacht.« Eine neue

Vereinbarung lege fest, daß die Beratungsstellen nur dann eine staatliche Anerkennung und Förderung erhalten sollen, wenn sie »für das Leben beraten und sich auch des sozialen Umfelds der Schwangeren, insbesonders des Ehemannes, des Freunds, der Eltern und Arbeitgeber annehmen und darauf hinwirken, daß die Schwangere die erforderlichen Hilfen von dort erfährt.« Zwar wird am Tag drauf von Rita Süßmuth nachgefügt: »Nur wenn die Schwangere einverstanden ist«, aber die Richtung ist festgeklopft. Rita Süßmuth kann nur noch verzögern: »Wann das Gesetz in Kraft tritt, ist noch offen.«
Die CDU-Politikerin hatte sich lange gegen ein solches Gesetz gesträubt, den Konflikt aber öffentlich aufzunehmen, die Macht, die sie über ihre Popularität gewonnen hatte, auch real einzusetzen, das ist nicht ihre Art. Einerseits will sie es nicht darauf ankommen lassen, ihren Rückhalt bei den Katholiken durch eine klare Position gegen das Beratungsgesetz zu gefährden. Andererseits glaubt sie, den Konflikt mit den Bayern, die eine sehr viel härtere Gangart in der Aidspolitik fordern, durch Zugeständnisse beim § 218 entschärfen zu müssen. Außerdem drittens wagt sie es nicht, den ohnehin strapazierten Helmut Kohl, der unter Druck der CSU und der Parteirechten steht, weiteren Belastungen auszusetzen. Und dem Kanzler ist dieses Thema völlig gleichgültig, solange es die Gemüter nicht weiter gegen ihn aufbringt. Letztendlich findet sich die Ministerin damit ab, das Beratungsgesetz als Kompromiß zwischen dem herrschenden Status quo und den Forderungen nach einer Verschärfung des § 218 zu vertreten.

Am Tag nach diesen Verhandlungen, am 20. Februar, gratuliert ihr der Kanzler zum 50. Geburtstag und lobt den »Charme seines Ministers«, diesen »ungewöhnlichen Charme«, hinter dem »die Schwäche mancher Argumente«

gar nicht auffalle. Rita Süßmuth läßt nebenbei in ihre Dankesrede einfließen, sie wünsche sich, »daß auch Männer die Fähigkeit hätten, ihre schwachen Argumente mit Charme vorzubringen« (*Stuttgarter Zeitung*).

Der Krieg zwischen den Reformern und den Rechten ist nicht nur in der Aidsfrage erklärt, Rita Süßmuth sitzt höchst ungemütlich mitten in der Schußlinie, und dem Kanzler, dem Schiedsrichter, Linienvorgeber und pragmatischen Machtpolitiker, geht es ausschließlich nur noch um Machterhalt und Austarierung der Gewichte. Nachdem er mit nur knapper Mehrheit wiedergewählt wurde, 15 Abgeordnete der Schwesternparteien verweigerten sich ihm, will er nichts als Ruhe. Fünf Landtagswahlen sind 1987 zu bestehen, und im Juni verfügt die Bonner Koalition zum ersten Mal in Kohls Amtszeit in Umfragen nicht mehr über die Mehrheit.

Den Frühling über fragen die Medien und die Opposition immer wieder teils höhnisch, teils bedauernd, was denn nun mit Rita Süßmuths Kompetenzen als Frauenministerin sei. Hatte sie noch im September 1986 frohgemut verkündet, es sei im Kabinett vereinbart worden, daß sie die Federführung für alle Bereiche der »Gleichberechtigung bekomme, die Frauen stärker betreffen als Männer«, antwortet sie im März 87 ausweichend: »Es kann sich darum handeln, daß das Ministerium bei allen Gesetzesentwürfen einzuschalten ist, die die Belange der Frauen betreffen.« In seiner Regierungserklärung am 12. März läßt Kohl das Thema ganz unter den Tisch fallen. Rita Süßmuths ständiger Widerpart, die Sozialdemokratin Renate Schmidt, erklärt flugs: »Die Befürchtungen der SPD-Bundestagsfraktion scheinen sich zu bestätigen, daß Frau Süßmuth nach wie vor den zusätzlichen Titel Frauenministerin trägt, die Kompetenzen jedoch nicht erhält.« Und die *Frankfurter Rundschau* setzt noch eins drauf: »Rita Süßmuth kann einem leid tun.«

Die Frauenministerin mußte denn auch einräumen, »daß es derzeit in der Bundesrepublik (womit wohl hauptsächlich ihre Partei gemeint war) an politischem Willen fehle, das Ungleichgewicht der Geschlechter zu ändern, um belastende Lebensverhältnisse zu erleichtern und Konflikte in den Familien zu reduzieren«. Gleichzeitig aber warnte sie vor allem Männer davor, mit einer als notwendig anerkannten Veränderung der Rollenverteilung in der Gesellschaft länger zu warten. »Unsere Geduld ist erschöpft.« Daß ihre erschöpft war, merkten auch die Parteikollegen. Trotzdem hält Helmut Kohl von öffentlichen, »parteischädigenden« Klagen nichts. Er »knöpfte sich Rita Süßmuth vor und stauchte sie so zusammen, daß sie in jener Kabinettsitzung Anfang Juli, in der es um ihre Zuständigkeiten ging, kleinlaut beigab.« (*Spiegel*, 13.6.88) Danach findet sie sich mit einem Kompromiß ab. Am 26. Juni, ein Jahr nach ihrer Ernennung, kann sie endlich verkünden, daß sich bei den Verhandlungen um ihre Kompetenzen als Frauenministerin eine Einigung abzeichne. »Es ist immerhin so viel dabei rausgekommen, wie keiner aus der Regierung es eigentlich wollte, deshalb bleibe ich Frauenministerin«, erklärt sie halb erleichtert, halb resigniert.

Ein Vetorecht für alle die Frauen benachteiligenden Initiativen ist es allerdings nicht, so viel ist klar. Es dauert noch bis zum 8.Juli, bis zumindest ein formales Ergebnis zustande kommt. Rita Süßmuth erhält:

1. Initiativrecht. Die Ministerin kann »im Einvernehmen mit dem Bundeskanzler« verlangen, daß »Angelegenheiten von frauenpolitischer Bedeutung der Bundesregierung zur Beratung und Beschlußfassung unterbreitet werden, auch wenn diese zum Geschäftsbereich eines anderen Ministeriums gehören«.

2. Vertagungsrecht bei Kabinettsangelegenheiten, wenn es

sich »um eine frauenpolitische Angelegenheit von besonderer Tragweite handelt und sie bei der Vorbereitung der Kabinettsvorlage nicht hinreichend beteiligt war«. Das Recht entfällt, wenn der Bundeskanzler »sofortige Beratung für nötig hält«.

3. Vertretungsrecht. Bei Fragen von besonderer frauenpolitischer Bedeutung kann die Frauenministerin Gesetzesvorhaben vor dem Bundesrat, dem Bundestag und den Ausschüssen neben dem federführenden Minister vertreten.

4. Bei der Berufung von Sachverständigen oder der Besetzung von Beiräten wird eine »ausreichende Beteiligung« sichergestellt.

5. In der Begründung von Kabinettsvorlagen und Gesetzentwürfen muß angegeben werden, welche Auswirkungen für Frauen zu erwarten sind.

Krach hatte es im Kabinett um die Frage der »gemeinsamen Federführung« bei Frauen besonders betreffenden Vorhaben gegeben, etwa bei dem Programm zur beruflichen Wiedereingliederung, bei der Teilzeitarbeit im öffentlichen Dienst und vor allem bei der Strafbarkeit der Vergewaltigung in der Ehe. Man verständigte sich auf das Institut der »Mitfederführung«, das formal unterhalb der »gemeinsamen Federführung« liegt. Diese Begriffe, die an alte aristokratische Kabinettspolitik erinnern, bei der bezopfte und gepuderte Minister den Federkiel schwingen, hören sich kurios an, sind aber von sehr realer Bedeutung. Es handelt sich dabei um Abstufungen der Verantwortung der Minister untereinander bei der Erstellung eines Gesetzes.

Außerdem bekommt Rita Süßmuth die Abteilung Mutterschutz aus dem Arbeitsministerium (die allerdings besteht nur aus einer halben Referentenstelle) und die Zuständigkeit für »Schritte zur Verwirklichung der Gleichberechtigung«, außerdem die Frauenförderung in der Bundesverwaltung aus dem Innenministerium. Das tritt ihr zwar die Zuständigkeit, aber keinen einzigen Sachbearbeiter ab. Was aber sind Zuständigkeiten ohne Sachbearbeiter wert?

Erreicht hat Rita Süßmuth nur einen Bruchteil dessen, was sie gewünscht hatte, aber allein dafür waren die Mühen der Durchsetzung nervenraubende Schwerstarbeit gewesen. Die Verhandlungen drohten immer wieder steckenzubleiben, und schließlich hatte nur ein Machtwort des Kanzlers die ständig mauernden Minister zu mißmutiger Kooperation gezwungen. »Dafür danke ich dem Bundeskanzler Helmut Kohl, ohne dessen Entscheidung dies nicht möglich gewesen wäre«, bedankt sich Rita Süßmuth brav. Kohl: »Ich erwarte, daß die Ministerien in Frauenangelegenheiten, im Sinne einer gemeinsamen Federführung kooperieren. Anderenfalls werde ich eingreifen.«

Helmut Kohl hat einen undeutlichen Kompromiß durchgesetzt und sich in Konfliktfällen das letzte frauenpolitische Wort vorbehalten. In der Ausübung ihrer neuen Rechte ist Rita Süßmuth auch formal vom Einverständnis des Kanzlers abhängig. Trotzdem, und das war allen abfälligen Bemerkungen der anderen Parteien entgegenzuhalten, die von »Etikettenschwindel« (Grüne) und »Zubrot« (SPD) redeten: Es war etwas erreicht worden, wovon die Frauenbewegung einige Jahre zuvor nur träumte: Es ist in diesen Auseinandersetzungen deutlich geworden, daß Frauenpolitik in der Regierung durchaus eine Schlüsselposition einnehmen könnte.

So geizen auch jene Oppositionspolitikerinnen, die sich nicht als bloße Parteisoldatinnen begreifen, mit Lob nicht: »Es ist anzuerkennen, mit welcher zähen Ausdauer Frau Süßmuth für ihre Kompetenzen im Bereich Frauenpolitik kämpft.« (Die Grüne Christa Nickels).

Das interministerielle Wadenbeißen ist mit der Verkündung der Ergebnisse noch nicht zu Ende. Das Justizministerium prescht vor und versucht vollendete Tatsachen in seinem Sinne zu schaffen. Eben erst hatte Süßmuths Pressesprecher Hartwig Möbes den »Sieg« verkündet, da bittet Hans-Jürgen Schmid, der Kollege vom Justizressort, per Rundbrief die Journalisten, sie möchten den Ausführungen seines Kollegen nicht allzuviel Glauben schenken, »Die Mitfederführung bei dem Gesetz zur Vergewaltigung in der Ehe gibt es nicht.« Die Retourkutsche folgt prompt: »Der spinnt wohl.«

Die Konservativen im Lande malen Menetekel an die Wand. Wieder einmal ist es die *FAZ*, die warnend ihre Stimme erhebt: »Vom ›Reformflügel‹ der CDU spricht Rita Süßmuth, der die Partei für jene öffnen müsse, die ›sensibel‹ seien für ›Umwelt und Frieden‹... Ein Spannungsverhältnis zwischen Regierung und Partei müsse es geben, weil zu viel Harmonie der Partei die Substanz nehme. (In Anspielung auf die Differenzen zwischen Geißler und Kohl)... Ihre Forderung, die Frauenunion dürfe sich nicht auf Frauenfragen beschränken, sondern müsse zu allgemein-politischen Fragen Stellung nehmen, deute auf innerparteiliche Auseinandersetzungen hin....Ihr Ehrgeiz reiche weit über Frauenpolitik hinaus...« Aber auch die *FAZ* kommt nicht umhin, zu konstatieren, daß »Rita Süßmuth ein Ansehen hat wie sonst nur ältere Staatsmänner«. Während das Leitblatt des Status quo die CDU-Ministerin an die kürzere Leine nehmen möchte, fordert die sozialdemokratische *Frankfurter Rundschau* mehr Kampfgeist ein – ein sich ständig wiederholendes Medienpingpong: »In den Verhandlungen um die Kompetenzen war unverkennbar«, schreibt die *FR*, »daß die meisten Minister Angst vor einer erstarkten Rita Süßmuth haben. So bleibt Rita Süßmuth vom Bundeskanzler abhängig. Aber sie kann ihre Rechte nutzen, um die Regierung zur Diskussion zu zwingen und die Öffentlichkeit zu mobilisieren.« (*FR* 8.7.87)

»Mit dem Frauenministerium ist sie knapp am Desaster vorbeigeschlittert«, zieht der Bonner Rundschaukorrespondent Martin Winter Bilanz, und auch Rita Süßmuth sieht wenig Anlaß für Euphorie. »Manche in der CDU sind der Auffassung, der Frauenparteitag sei schon Gnade genug gewesen. Das Tempo der Frauenpolitik ist langsamer als eine Schnecke.«
So wenig der von Heiner Geißler für die CDU verkündete »Abschied von der Männergesellschaft« an der Parteibasis und in den Parteigliederungen nennenswerte Spuren hinterlassen hat, so unsicher sind CDU/CSU und die Regierung im Umgang mit Rita Süßmuth. Muß man sie nicht langsam bremsen? Nur Geißler, der jesuitische Stratege der Modernisierung von oben, stützt sie vorbehaltlos. Er schließt sogar eine Debatte über Quotenregelungen in der CDU nicht mehr aus, wenn die Parteitagsbeschlüsse von 1985 nicht greifen. Vorerst kommt es Ende Oktober zu einer gemeinsamen Sitzung von CDU-Bundesvorstand und Frauenunion, auf der neue innerparteiliche Frauenförderpläne vereinbart werden. Eine Arbeitsgruppe unter dem Vorsitz von Heiner Geißler und Rita Süßmuth wird eingerichtet, in der die Inhalte von Gleichstellungsprogrammen formuliert werden. Um von der Ebene bloßer Appelle zu den Höhen effektiver Realpolitik fortzuschreiten, komme es jetzt – so sieht es Heiner Geißler – auf seine Fähigkeiten der Durchsetzung an.

Hatte es in der Frauenpolitik nur das Konrad-Adenauer-Haus als Verbündeten gegeben, so schält sich jetzt langsam in verschiedensten Bereichen eine solide Reformerfraktion heraus. In Fragen der Menschenrechte, der Vereinbarkeit von Familie und Beruf sowie in der Sozialpolitik bildet sich ein zuverlässiges Bündnis zwischen Konrad-Adenauer-Haus, dem Arbeitnehmerflügel (CDA) und Frauenministerium/Frauenunion, mit Norbert Blüm als losem

Verbündeten. Der Zusammenhang ist auch personell mehrfach untermauert: Wahnfried Dettling, ehemals Konrad-Adenauer-Haus, ist Abteilungsleiter im Frauenministerium, Regina Görner, Süßmuths persönliche Referentin, ist im CDA-Bundesvorstand, Ulf Fink, CDA-Vorsitzender, hat Rita Süßmuths Linie in der Aidspolitik als Sozialsenator in Berlin durchgesetzt.

Den Sommer 1987 hält ein neues, ebenfalls von Heiner Geißler lanciertes Thema die Unionsparteien in Spannung: der Streit, ob den vierzehn unter der Pinochet-Diktatur gefolterten und zum Tode verurteilten Chilenen in der Bundesrepublik politisches Asyl gewährt werden solle. Heiner Geißler, der mit einem weiteren Kraftakt die CDU auch hier zu einer an der Idee der Menschenrechte orientierten Stellungnahme zwingen will, kommt der Anlaß gerade recht, um die Partei vom Ruch der bloßen moralisch gleichgültigen Karrierepartei zu befreien. Während Strauß sich erregt über so viel Getöse um »mordende Terroristen«, die vielleicht »unfein« behandelt worden (d.h. im Klartext gefoltert), aber eben rechtskräftig verurteilt seien, kontert Rita Süßmuth: »Die Wahrung und Durchsetzung der Menschenrechte sowie die Ächtung von Folter dürften keine Streitpunkte in der Union sein. Hier sind eindeutige Positionen unabdingbar.« Strauß in Rage: »Ich lasse mir doch von Geißler nicht mein Lebenswerk zerstören.« Währenddessen reist Norbert Blüm nach Chile, um an Ort und Stelle mit den Todeskandidaten zu reden. Sichtlich von seinen Gesprächen bewegt, läßt er im Fernsehen seine christliche Moral, Herz und Gefühle sprechen. Die Anerkennung aus dem linken Lager bleibt denn auch nicht aus. Dany Cohn-Bendit schreibt im *Pflaster-Strand*: »Selten hat das politische Verhalten eines CDU-Spitzenpolitikers so meine ungeteilte und spontane Zustimmung herausgefordert. Alles stimmte. Die subjektive Betroffenheit, die Empörung, die Mimik und die Aussagen ohne Wenn und Aber. Natürlich weiß Norbert Blüm, daß die 14 Chilenen, um die es geht, linksradikale Widerstandskämpfer sind und natürlich weiß er, daß die seit einem Jahr inhaftierte deutsche Lehrerin, Frau Brinkmann, eine überzeugte Kommunistin ist. Aber bei Folter schaut er ›nicht auf das Parteibuch‹, sondern da rasten seine Gefühle aus.« Zustimmung von der falschen Seite – so sehen es die meisten Konservativen. Geißler, Süßmuth und Blüm wollen die Grenzen zwischen CDU und SPD, schlimmer noch den Grünen verwischen! »Wenn ich die Köpfe nicht ändern kann«, geht Heiner Geißler in Angriff über, »dann wenigstens die Sache.« Und Rita Süßmuth wird grundsätzlich: »Die CSU muß erkennen, daß es nicht um Anpassung an Zeittrends geht oder um die Aufgabe von Grundsätzen, sondern darum, die Veränderungen wahrzunehmen, die notwendig sind, um das Bewährte bewahren zu können.« Der Streit um die Aufnahme von rechtskräftig verurteilten Umstürzlern berührt die CSU in ihrem ureigensten Verständnis von staatlicher Autorität. Der Hintergrund des Streits erbittert sie zusätzlich, ist die Auseinandersetzung doch ein spätes Erbe der rotgrünen Koalition in Hessen. Schon im September 1986 hatte diese das Bonner Innenministerium, sprich Herrn Zimmermann (CSU), aufgefordert, zu prüfen, »ob für die betreffenden Personen die Möglichkeit zum Verlassen des Landes besteht. Für diesen Fall ist das Land Hessen aus humanitären Gründen zur Aufnahme der Betroffenen und deren Angehörigen bereit«. Strauß: »Wir sind keine Heimstatt für chilenische Terroristen.« Nun aber hat das Problem dank des Einsatzes der CDU-Reformer die Union doch am Wickel.

Die gängige Arbeitsteilung – die Linken sind zuständig für Menschenrechtsverletzungen in rechten Diktaturen, die CDU/CSU für die im Ostblock – ist durch diese Initiative

endlich ad absurdum geführt worden. Mit ihrer Menschenrechtspolitik haben Geißler und Blüm auch auf linke Blindheit hingewiesen.
Bundeskanzler Kohl beschwört das Ende der Diskussion, die er für ganz und gar »überflüssig« hält. Landauf, landab erklärt er Geißlers Werben um andere Wählerschichten für »dummes Zeug«, aber er wird die Debatte um eine neue CDU nicht mehr los. Ulf Fink läßt Norbert Blüm für sein Engagement in Chile hochleben, preist Rita Süßmuths Engagement für arbeitslose Frauen und Heiner Geißler für seine Wahlanalyse, daß die Unionsverluste dort am höchsten seien, wo auch die Arbeitslosigkeit am höchsten sei: »Diese drei laufen doch nicht dem Zeitgeist hinterher«, wie es aus Bayern zu hören ist – »sondern sie nehmen unsere Grundsätze ernst.« Für den auf Ruhe und Gleichgewicht bedachten Helmut Kohl wird das Quartett aus Blüm, Fink, Geißler und Süßmuth zunehmend unheimlich: Kann er den Schwesternverband überhaupt noch zusammenhalten? Was soll dieser ideologische Überfall von Menschenrechtspolitik außerhalb des Ostblocks und moderner katholischer Soziallehre auf die eher behäbig rudernde Partei? »Der Partei Beine machen«, ist die erklärte Absicht des Generalsekretärs. Der Kanzler findet keine Ruhe mehr.

Zuerst einmal wird Rita Süßmuth Anfang November noch ins Parteipräsidium gewählt. »Sie hat ihre öffentliche Anerkennung um den Preis des Auflebens neu-alter Spannungen in der Union und nicht zuletzt im konservativen Teil ihrer Mitglieder gewonnen«, analysiert Hermann Rudolph in der Süddeutschen Zeitung das Dilemma, das der CDU diese Ministerin beschert hat. Andrerseits braucht die Partei eine solche Figur gerade nach der Barschel-Affäre dringend. Angeschlagen von Korruptionsskandalen, Bestechungsaffären und hemmungslosen Machterhaltungsintrigen, fällt bei den Christdemokraten immer nur ein Name, wenn es gilt, Neuanfang und Integrität zu versprechen: Rita Süßmuth. Auch als Kandidatin für Schleswig-Holstein ist sie sofort im Gespräch. Sie wird gebraucht, gerade weil sie der Partei und deren sozialen Traditionen fremd geblieben ist. Mit demonstrativem Beifall wird sie denn auch von der als konservativ geltenden hessischen CDU auf ihrem Frauenparteitag in Fulda im November gefeiert. Vorsichtig wirbt sie für Geißlers Kurs. Die Partei stehe heute an einem »Scheideweg«, sie müsse entscheiden, ob sie bloß »reagierende« oder aber »vorausschauende« Politik wolle.

Den Sommer und Herbst über hat sich die Anti-Reformer-Koalition über die Frage der Verschärfung des § 218 formiert. Die Beschwerden über Rita Süßmuths Verzögerungstaktik wachsen. Diese beruft sich auf wissenschaftliche Studien, daß eine Erschwerung der Abtreibung noch nie einen Rückgang der Abbrüche bedeutet, sondern nur Gefahren für das Leben der Frau und ihre Demütigung gebracht hat. Frühestens im Spätherbst sei mit Vorschlägen für ein neues Beratungsgesetz zu rechnen, denn zuvor müsse sichergestellt sein, daß ein solches Gesetz auch wirklich Verbesserungen bringe. Gleichzeitig lanciert sie das Thema Kinderbetreuung und kinderfreundliche Umwelt in die Öffentlichkeit. Man könne doch nicht mehr Kinder wollen und sie dann in eine kinderfeindliche Umwelt entlassen. Sie fordert familiengerechte Öffnungszeiten in den Grundschulen, thematisiert den Mangel an Krippen-, Kindergartenplätzen und Jugendtreffs, an Abenteuerspielplätzen und freiem Spielgelände. Aber die Gegner lassen nicht mehr locker. »Jedes weitere Zuwarten vergibt die Chance für die Bewahrung des Lebens ungeborener Kinder«, hebt Lothar Späth pathetisch die Stimme, und die CSU drängt, sie werde einen eigenen Entwurf vorlegen, wenn die Bundesregierung nicht bald zur

Sache käme. Hatte Rita Süßmuth das neue Beratungsgesetz für Oktober versprochen, dann für Dezember, sagt sie jetzt zu, daß es ganz bestimmt Anfang des nächsten Jahres soweit sein wird.

1988 – ZWISCHENLANDUNG

Über zehn Jahre nach den großen, von der Frauenbewegung initiierten, gesellschaftlichen Debatten um die Abschaffung des Abtreibungsverbots holt die Geschichte die Christdemokraten ein. Die Auseinandersetzung um den § 218 wird für die Unionsparteien zu einer Zerreißprobe. Aber trotz aller Vehemenz, mit der sie ausgetragen wird, wirkt sie wie ein déjà-vu, wie ein zweiter Durchgang aller Argumentationsstereotypen der Frauenbewegung und ihrer Widersacher, nur gut zehn Jahre später – eine staubtrockene Revue. Dieser CDU-interne Streit ist einer Dimension beraubt, die Mitte der siebziger Jahre die Schubkraft der Kampagne bildete: die der Erotik und der Befreiung. Entgegen der landläufigen Meinung, die Frauenbewegung habe sich in den siebziger Jahren hauptsächlich als pressure group zur Abschaffung des § 218 verstanden, drehte es sich um etwas ganz anderes: die Entdeckung weiblicher Lust, die Entwicklung selbstbestimmter weiblicher Sexualität und Identität, ein weibliches Leben jenseits der traditionellen Rollenzwänge. Dazu gehörte selbstverständlich auch, daß Frauen ungewollter Schwangerschaft nicht mehr schicksalhaft ausgeliefert sein sollten. Wenn Feministinnen mit Reden oder Aktionen in die Öffentlichkeit traten, hatte das immer etwas Provokatives, Wünsche wie Aggressionen Entzündendes: ein Aufbruch von Frauen, die sich den alten Spielregeln zwischen den

Geschlechtern verweigerten. Allein die äußere Aufmachung der Frauen drückte Gleichgültigkeit den Normen gegenüber, Nonchalance oder Extravaganz aus. Das erregte Begehrlichkeit wie auch den Wunsch draufzuschlagen, weckte Bewunderung für den Eigensinn wie auch das instinktive Bedürfnis, die Rebellinnen wieder an ihren »angestammten Platz« zu verweisen. »Wildgewordene Weiber, Emanzen, Terrormädchen, euch müßte man es mal richtig besorgen...«, all diese Beschimpfungen, mit denen die Frauen zu den Hochzeiten der feministischen Bewegung bedacht wurden, beschwingt ein Moment von Unruhe und Lust. Ganz anders im Jahr 1988. Die Auseinandersetzung wird vornehmlich von älteren Männern jenseits der unmittelbaren Attraktivitätsgrenze geführt. Es ist ein purer, trockener Prinzipienstreit, aufgeladen mit Pathos und Machtpoker, und ausgetragen vor dem Hintergrund des wachsenden Eiferertums der sogenannten Lebensschützer, die mit Fotos von Föten und »Mord«-Rufen vor den Beratungsstellen und Kliniken mobil machen. Die Fundamentalisten in der Partei sehen ihre Stunde als gekommen an. Reale Erfahrungen spielen in der ganzen Auseinandersetzungen keine Rolle, ebensowenig wie die Erinnerung an verzweifelte Situationen aus der eigenen Jugendzeit. Entsprechend juristisch spitzfindig und frauenverachtend sind die Argumente. Edmund Stoiber (CSU) und einige Funktionäre der Jungen Union fordern, daß die Vokabel »Schwangerschaftsabbruch« durch »Tötung menschlichen Lebens« ersetzt werde, womit mir nichts dir nichts an die 200.000 Frauen im Jahr zu Mörderinnen gestempelt würden. Plötzlich wird vom »Kinder-Holocaust« (Bischof Dyba aus Fulda) gesprochen, womit die Abtreibungen gemeint sind. In dieser Logik verkommen abtreibende Frauen zu SS-Schergen, eine beispiellos dumme Verharmlosung des Nationalsozialismus.

Im Büro des CDU-Rechtsexperten Karl Miltner treffen sich die Mitglieder des »Arbeitskreises Recht« der CDU-Fraktion, die auf etwas ganz Spitzfindiges gekommen sind: Wenn das Gesetz über die Vergewaltigung in der Ehe abgesegnet würde, müsse die ethische Indikation eingeschränkt werden. Sonst brauche eine Frau nur zu sagen, ihr Ehemann hätte sie vergewaltigt, und schon könne sie abtreiben. Perverse Blüten der juristischen Phantasie breiten sich aus – welche menschlichen Erfahrungen stecken eigentlich hinter solchen Vorstellungen? Die virulente Verknüpfung wird offenbar: Die Verschärfung des § 218 und die Ablehnung der Strafbarkeit der Vergewaltigung in der Ehe sind Kehrseiten ein und derselben Medaille, der Verfügungsgewalt über die Frau. Damit wird deutlich, worum es geht: um Macht und Tradition, nicht um das Leben der Kinder und der Frauen.

Mit ihrem Entwurf für ein neues Beratungsgesetz hat es Rita Süßmuth dann allerdings niemandem recht gemacht. Das Gesetz schreibt eine »dem Einzelfall angemessene Frist zwischen Beratung und Feststellung der Indikation sowie eine personelle und räumliche Trennung von Beratung und Indikationsstellung« vor. Als Ziel der Beratung wird »die Bereitschaft der Schwangeren zur eigenverantwortlichen Annahme des ungeborenen Lebens zu wecken, zu stärken und zu erhalten« genannt. Es sieht eine Fortbildungspflicht für Berater und Ärzte vor und nennt Bedingungen, unter denen die Beratungsstellen anerkannt werden. Die Kontrolle darüber, ob die Beratung auch im Sinne des neuen Gesetzes stattfindet, soll der zuständigen Landesbehörde unterliegen. Die CSU verwirft den Gesetzentwurf als zu lasch; die FDP verkündet: »Mit uns nicht« und will ihr liberales Image retten; Die niedersächsische Finanzministerin Birgit Breuel (CDU) hält es für eine »Zumutung«: Wenn eine Frau sich zu einer Abtreibung entschließe, dann sei »dies das Ergebnis einer ausweglosen Konfliktabwägung zwischen der werdenden Mutter und dem noch ungeborenen Kind«. Norbert Blüm meint, man müsse wieder von »Tötung« reden, und Kurt Biedenkopf fordert dazu auf, die »Güterabwägung zwischen dem Lebensentwurf der Mutter und dem Leben des Kindes ernst zu nehmen«. Die Vorsitzende des deutschen Frauenrats Irmgard Blättel äußert sich zu dem Mehr an Beratung: »Ich bin gegen Quälung von Frauen in Konfliktsituationen.« Der deutsche Juristinnenbund lehnt das Gesetz als verfassungswidrig ab, und auch der Präsident der Bundesärztekammer macht Front wegen der im Entwurf vorgesehenen »Zwangsfortbildung für das Leben«.

Die Union ist zerrissen. In der Auseinandersetzung über das Beratungsgesetz zeigen sich die drei großen Strömungen im ideologischen Konflikt:

a) die Gruppe »freie Bahn den Tüchtigen« oder: »An deinem Schicksal bist allein nur du schuld« will die Selbstbestimmung der Frau im Rahmen des bestehenden oder liberalisierten § 218. Jede Frau soll selbst entscheiden, ob sie Karriere oder Kind den Vorzug geben will. Maßnahmen zur Unterstützung von Schwangeren und Müttern, Familie und Beruf vereinbaren zu können, sowie spezielle Frauenförderpläne werden abgelehnt.

b) die Gruppe der »reaktionären Weltbildverteidiger«, die alle Veränderungen abschmettern wollen. Ihnen geht es nicht um den Ausbau der Beratung, sondern um die Verschärfung des § 218. Die Kirche schätzt diese Fraktion vor allem als Garant von Hierarchie und Tradition.

c) Der christliche Sozialflügel hält zwar daran fest, daß Abtreibung mit Tötung gleichzusetzen ist, die Welt muß aber so eingerichtet werden, daß Frauen ihrer »Pflicht«, einmal empfangene Kinder auch auszutragen, ohne größte seelische Konflikte nachkommen können. Denkt man diese Politik einmal konsequent zu Ende – was wenige ihrer Protagonisten tun – so hieße die objektive Konsequenz eine gesellschaftliche Umwälzung.

Jenseits dieser Gruppierungen haben viele Frauen in der Union, eigene, ganz private Beweggründe, an der Selbstbestimmung über Schwangerschaft festzuhalten. Sollten etwa unter den ungewollt Schwangeren nie Unionsfrauen gewesen sein? Und lassen sich etwa ihre Gründe, ein – vielleicht ersehntes – Kind nicht zu bekommen, durch Geld und soziale Hilfs- und Beratungsmaßnahmen aus der Welt schaffen? Je katholischer und konservativer das Milieu, desto schwerer die Entscheidung für ein uneheliches Kind, desto drückender die Verantwortung für das Glück des Kindes. Während sich die Parteimänner im hehren Licht des Prinzipiellen suhlen, bedenkt mehr als eine CDU/CSU-Politikerin ihre konkrete Lebenserfahrung. »Bequemlichkeit« ist ein Vorwurf, der Frauen, die abgetrieben haben, gerne gemacht wird; die Frauen in der CDSU/CSU zucken mit den Schultern und schweigen. Sollen sie etwa aus ihrem Leben erzählen? »Die Mehrheit der Frauen in der Union ist gegen die Neufassung des Beratungsgesetzes«, erklärt Birgit Breuel. Und eine Umfrage bestätigt ihre Aussage: 35% der CDU-Frauen sind für die Fristenlösung oder die Abschaffung des § 218, 33% für die Indikationslösung, 31% für strengere Regelungen. Ein Aufstand findet jedoch nicht statt.

»Eine große Partei braucht einige Themen, bei denen Grundübereinstimmung herrscht. Wer das nicht schafft, riskiert den Verfall der CDU in Gruppen«, beschwört Norbert Blüm seine Parteikollegen und -kolleginnen, aber auch er kann keinen Kompromiß erzwingen. Die Fronten sind verhärtet, aus den schmückenden, »weichen« Themen, zu denen im christdemokratischen Politikverständnis die Frauenpolitik gehört, sind steinharte Grundsätzlichkeiten geworden. Ein Blick auf die Einstellung der Mehrheit der bundesrepublikanischen Wähler und Wählerinnen zeigt allerdings allen Pragmatikern und Realpolitikern, daß eine Veränderung des § 218 nicht opportun ist.

Am 28. April liegt der ausgefeilte Entwurf für ein Beratungsgesetz vor, die Änderungswünsche der FDP sind berücksichtigt: Die einzelnen Bundesländer dürfen keine zusätzlichen Voraussetzungen für die Anerkennung von Beratungsstellen aufstellen; alle anerkannten Beratungsstellen sollen bestehen bleiben; Arbeitgeber, Eltern, etc. dürfen nur »auf Wunsch« der Schwangeren hinzugezogen werden, was eindeutiger ist als die bloße Formulierung »mit Einwilligung«.

Doch der Termin, das Gesetz noch vor der Sommerpause dem Parlament zur Abstimmung vorzulegen, platzt am Einspruch der CSU. Die sträubt sich, das in Bayern geltende Beratungsgesetz einem weniger strengen Bundesrecht zu opfern. War das kalkulierte Berechnung des Frauenministeriums? Beherrscht Rita Süßmuth die Finessen politischer Strategie doch besser als gemeinhin angenommen? Im Streit zwischen den Bayern und der FDP blieb ihr – im übrigen einziger – Gesetzentwurf auf der Strecke. Das Beste, was passieren konnte, wird auch sie, die eigentlich gar nichts von dem Gesetzentwurf hielt, gedacht haben. »Ich bin nicht der Auffassung, daß man das Problem mit irgendwelchen rechtlichen Regelungen in den Griff bekommt«, äußert Frau Görner, ihre persönliche Referentin, im Sommer 1990. »Solange es Frauen nicht möglich ist, sich für ihre Kinder zu entscheiden, ohne damit rechnen zu müssen, beruflich völlig aus dem Gleis zu fallen oder andere unzumutbaren Benachteiligungen hinnehmen zu müssen, werden wir mit dem Problem immer zu tun haben, ganz egal, wie die rechtliche Regelung aussieht.« Frau Süßmuth wird ähnlich gedacht haben.

Den nächsten Schritt in Richtung familienfreundliche Umwelt hat sie schon fix und fertig in der Schublade, die Neufassung des Jugendhilferechts: mehr Geld für alleinerziehende Mütter, Unterstützung bei der Beschaffung von angemessenem Wohnraum und Arbeitsplatz, Kinderbetreuung vor und nach dem Kindergartenalter, und vor allem das einklagbare Recht auf einen Kindergartenplatz für jedes Kind. Das sind Hilfen, so Rita Süßmuth, die tatsächlich das »Ja« zum Kind erleichtern würden. Aber der Referentenentwurf kommt nicht weiter. Einer der Wortführer der Ablehnungsfront, Ernst Albrecht, blockt nicht nur aus finanziellen Gründen, sondern auch aus prinzipiellen: Kinder sollen von der Mutter erzogen werden. Rita Süßmuth hat Angst, einen neuen öffentlichen Streit vom Zaun zu brechen. Die machtpolitische Raffinesse, einen privaten Brief an einen der Widersacher zu schreiben, ihn dann durch gezielte Indiskretion in die Medien zu lancieren und damit den Konflikt publik zu machen, scheut sie entschieden. Dabei hat sie längst erkannt, daß es nicht mehr darum geht, in der Öffentlichkeit ein Votum für die Berufstätigkeit der Frau abzugeben, dagegen spricht sich niemand mehr aus. Der Kampf gegen die Frauenemanzipation erfolgt inzwischen so einfach wie wirksam, indem Betreuungsmöglichkeiten für Kinder vorenthalten werden.

Aber nicht nur das Beratungsgesetz und die Jugendwohlfahrtsnovelle, auch das Gesetz zur Vergewaltigung in der Ehe wird klammheimlich aus dem Verkehr gezogen. Zwar hatte sich Rita Süßmuth dem Justizminister gegenüber in verschiedener Hinsicht durchgesetzt: Gleichbehandlung von Vergewaltigung in und außerhalb der Ehe, Gleichrangigkeit aller Formen sexueller Gewaltausübung, Verfolgung des Strafbestands als Offizialdelikt. In wichtigen Punkten konnte jedoch der Justiminister seine Position verteidigen:

Wenn das Opfer widerspricht, wird der Fall nicht weiter verfolgt und in minder schweren Fällen wird die Strafe auf drei Monate reduziert. Der Entwurf liegt also vor, weiter passiert nichts. Grummelnde Ablehnung ließ sich den Frühling über aus dem Bundeskanzleramt vernehmen, »überflüssig« finden es sowieso die meisten Männer. Daß allein in Bayern in einem Jahr 350.000 Fälle von Gewalt gegen Frauen errechnet wurden, ficht die CSU nicht an, Zahlen spielen nur beim Kampf gegen Abtreibung eine PR-wirksame Rolle.

Inzwischen hat sich die christdemokratische Fraktion so weit von ihrem Süßmuth-Schock erholt, daß nicht mehr sicher ist, ob ihr die Fraktion nicht die Gefolgschaft verweigern wird und eine Mehrheit der Unionsabgeordneten gegen das Gesetz stimmt. Von Blüm, dem christlich-sozialen Arbeitsminister, bis zu Sauter, dem sprücheklopppenden CSUler, wächst die Ablehnungsfront. So verschwindet das Gesetz in der Schublade. Eine parteiübergreifende Initiative zur Durchsetzung des Gesetzes – wenn auch nur unter der Hand – zu organisieren, wie Waltraud Schoppe (Grüne) es in einem offenen Brief vorgeschlug, wagt Rita Süßmuth nicht. »Der Boden im Bereich der interfraktionellen Initiativen ist begrenzt«, verteidigt sie ihren Rückzug. »Und gerade wir Frauen, die wir das z.B. in Menschenrechtsfragen häufig gemacht haben, sind schnell der Kritik ausgesetzt, wir würden das Profil der jeweiligen Partei verwischen. Nun muß ich Ihnen sagen, wenn es interfraktionelle Initiativen in anderen Bereichen gibt, und das kommt ja nicht selten vor, wird das weniger kritisch angemerkt als in Frauenfragen.« Die Gefahr ganz neuer, quer zu den Parteien liegender Koalitionsabsprachen unter Frauen, ist den Männern also voll bewußt. Warum dann nicht diese Angst zur Durchsetzung der Ziele nutzen? Die Aufmerksamkeit der Medien wäre den Frauen doch gewiß, und was gäbe es für ein besseres Druckmittel? Aber die Furcht, ihre Position in der Partei noch weiter zu unterminieren, und die Unsicherheit, ob die eigenen Parteifrauen auch alle mitziehen, hält Rita Süßmuth von entschiedenen Schritten ab. .

Die Ministerin ist also mit vielen ihrer Vorhaben steckengeblieben. Nach wie vor ist sie die beliebteste Politikerin der Bundesrepublik, aber durchsetzen kann sie nichts mehr. Die Kollegen aus den Ministerien verweigern ihr die Kooperation. Rita Süßmuth will die Beweislast für die Diskriminierung im Arbeitsleben umdrehen, wie es die EG empfiehlt, der Arbeitsminister stellt sich stur. Rita Süßmuth will, daß Pflegezeiten für die Rentenansprüche anerkannt werden, der Arbeitsminister, der sich um die Rentensicherung sorgt, blockt ab. Die Förderpläne für den öffentlichen Dienst scheitern an der Hinhaltetaktik des Innenministers, die Teilzeitpläne kommen nur schleppend voran. Stoltenberg lehnt ihre Bestrebungen, 1990 das Kindergeld zu erhöhen und das Erziehungsjahr auszuweiten, erstmal ab: kein Geld für neue Forderungen und neue Leistungsgesetze. Die CDA wirft sich zwar für Rita Süßmuth in die Bresche, Ulf Fink weist auf die Beschlüsse des Kleinen Parteitags hin, auf dem ein Antrag des CDU-Bundesvorstands das »Kindergeld noch in dieser Legislaturperiode zu erhöhen« angenommen worden war«, aber auch er scheitert. Rita Süßmuth ist aufgelaufen. Sie hat die Diskussion so weit getrieben, wie es innerhalb ihrer Partei nur möglich war. Allerdings wäre es ein Irrtum, die Bereitschaft innerhalb der anderen Parteien zu überschätzen, die realen Machtverhältnisse zwischen Frauen und Männern grundlegend zu verändern – zugunsten einer Gesellschaft, die nicht nach den bestehenden männlichen Maßstäben ausgerichtet ist.

Nach der verunglückten Rede von Bundestagspräsident Jenninger am 9. November, dem 50. Jahrestag der Reichspogromnacht, wird Ersatz gesucht. Alfred Dregger lehnt ab: »Ich will Politik machen und nicht ansagen.« Und wie immer, wenn ein Vorgänger moralisch oder in der Popularität der Wähler gestrauchelt ist, kommt Rita Süßmuth ins Spiel. Diesmal nimmt sie den Posten an.

Jetzt endlich jubelt ihr einmal die *FAZ* zu: »Rita Süßmuth gebürt Respekt.« Plötzlich wird ihr Grenzgängertum, das die Parteirechten immer als Konturverwischung kritisiert haben, zum Pluspunkt: » Rita Süßmuth ist eine hervorragende Kandidatin, die breite Zustimmung auch außerhalb der eigenen Partei finden wird. Sie ist in besonderem Maße zur Integration befähigt und hat sich über Parteigrenzen hinweg hohes Ansehen erworben.«(Alfred Dregger)

Die CDU/CSU überschlägt sich in Lob und Anerkennung, dabei verkündet Dregger wie nebenbei sein Verständnis von Quotierung: »Insofern begrüße ich ihre Wahl, als wir jetzt einen männlichen Bundespräsidenten, dann einen weiblichen Bundestagspräsidenten, dann wieder einen männlichen Bundeskanzler haben. Das entspricht unser Politik.« Hübsch gesagt. Ein Teilnehmer von Kabinettssitzungen charakterisiert eben diese Politik folgendermaßen: »Sie ist ja immer mutig geblieben, aber sie hat wohl gemerkt, daß ihr das Leben immer schwerer gemacht wird. Sie durfte ihre Meinung sagen, aber an der Art, wie man sie reden ließ, wie ihre Worte aufgenommen wurden, merkte man doch, daß sie ins Leere laufen sollte.«

Sieht Rita Süßmuth sich selbst als gescheitert an? »Politischer Erfolg wird immer nur daran gemessen, wieviel Maßnahmen durchgesetzt wurden. Wenn daran meine Zeit bewertet wird, käme ich zu einer wenig erfolgreichen Bilanz. Aber ich weiß, ich habe Dinge auf den Weg gebracht, wo niemand, der nach mir käme, etwas bewirken könnte, wenn ich nicht die Pflöcke eingeschlagen hätte. Auch in der Veränderung der Einstellung der Menschen. Ich sammle jetzt die Saat ein, auch die Wirtschaft beginnt sich umzustellen. Themen, an denen ich gescheitert bin, sind wieder aufgetaucht. Ganztagsbetreuung zum Beispiel war ein Tabuthema, ich bekam Waschkörbe voll Protest, heute ist die Frage: Warum geht es nicht schneller.« (Rita Süßmuth, Juni 1990)

In der Bundestagsdebatte, in der es um die Wahl der Präsidentin geht, ergreift Waltraud Schoppe (Die Grünen) das Wort, um ihrer Gegnerin Anerkennung zu zollen:

«Ich wollte etwas zum Weggang von Frau Süßmuth sagen...Wenn wir die Nachkriegsgeschichte betrachten, ist es ihr gelungen, in kürzester Zeit Popularität und Anerkennung zu gewinnen, wie es nur wenigen Frauen in der Politik bisher gelungen ist. Ich sage das aus der Opposition heraus, sozusagen aus einer natürlichen Gegnerinnenschaft heraus, durchaus mit Respekt.

(Beifall bei den Grünen, der CDU/CSU und der FDP)

Wir leben in einer Zeit tiefgreifender Umbrüche, zu denen auch eine sich ändernde Geschlechtsrollenidentität gehört. Es ist der Ministerin gelungen, bis weit in das bürgerliche Lager hinein, Problemkompetenz für Frauenfragen zu schaffen. Das ist ein Verdienst, das nicht zu unterschätzen ist,

(Beifall bei der CDU/CSU)

setzt dies doch Bewußtseinsprozesse in Gang, die unumkehrbar sind. Gewiß, sie hat Niederlagen eingesteckt..... Aber ich weigere mich an dieser Stelle und zu diesem Zeitpunkt, Attacken gegen eine Frau zu reiten, die mit ihren Forderungen im Kabinett in einem Meer von Ignoranz watete. Man muß sich nur mal die Männer angucken, die da sitzen.

(Beifall bei den Grünen und der SPD – Lachen bei der CDU/CSU)

....

Was ich tragisch finde ist, daß eine Frau aus Pflichtbewußtsein und in typischer Frauenmanier nicht nein sagen konnte.
(Bohl, CDU/CSU: Können Sie nicht nein sagen?)
...
Der Ministerin wird vorgeworfen, sie sei keine Machtpolitikerin.
(Zuruf von der CDU/CSU: Abwarten)
Das ist ein Vorwurf, den auch andere Frauen kennen. Aber was Macht ist, meine Herrschaften, unterliegt in dieser Gesellschaft männlichem Definitionsmonopol. Macht ist verbunden mit Rücksichtslosigkeit gegen Mensch und Natur, mit Intrigen und Korruption. Es geht nicht mehr um Macht als solche; es geht um eine Neubestimmung von Macht, die dringend notwendig ist.
(Beifall bei Abgeordneten der SPD – Frau Unruh, Grüne): Sehr richtig.)
...
Ich bin zwar weit weg von Resignation, aber ich glaube, daß Frauenpolitik quer durch alle Fraktionen in einer Sackgasse steckt und daß wir im Bundestag schlecht weiterkommen, und zwar aus folgendem Grund. Die Männer, die hier sitzen und sich Tag für Tag in ihrer Männlichkeitsrolle bestätigen können, würden sich immer dann, wenn sie sich für Frauenforderungen entscheiden, gegen ihr eigenes Lebensmodell entscheiden.
(Beifall bei den Grünen)
Und das fällt ihnen schwer. Deshalb sind diese Männer hier so bockig. So.
(Heiterkeit – Bohl, CDU/CSU: Wie kommen Sie auf bockig?«)
(Aus dem Protokoll der 110. Sitzung des Deutschen Bundestags, 24.11.89)

Die Anerkennung, die über alle Gegnerschaft hinweg die

Abgeordnete Schoppe Frau Süßmuth spendet, ist souverän und aufrichtig. Diese Großzügigkeit besitzen die Parteisoldatinnen der Sozialdemokratie nicht: »Sie ist gescheitert, weil die männlichen Abgeordneten ihrer Fraktion mit ihrer Frauenpolitik nichts anfangen konnten. Politik ist eben mehr als Repräsentieren oder das sensible Argumentieren, sie ist das Durchsetzen von Ideen.« (Renate Schmidt, SPD)

Am 24. November wird Rita Süßmuth mit 380 von 510 Stimmen zur Bundestagspräsidentin gewählt, auch die Grünen geben ihr ihre Stimmen. Im Januar überrundet sie zum ersten Mal Außenminister Genscher und setzt sich auf Platz 1 der Beliebtheitsskala aller Politiker, wie sie der *Spiegel* regelmäßig veröffentlicht. Ungefähr 50:50 verteilen sich die Antworten auf die Frage, ob sie lieber Ministerin bleiben oder Bundestagspräsidentin werden sollte. Kurzum – was aus ihr wird, interessiert.

1989 – DER UMSTIEG

Niemand wundert sich mehr, daß die Jungparlamentarierin Rita Süßmuth das neue Amt mit Selbstsicherheit und Gestaltungskraft angeht. Das Parlament muß wieder »ein Ort der Zukunftsdiskussion« werden, mehr »Werkstatt statt Schaubühne«, intoniert sie in ihrer Antrittsrede. Das sind schöne Worte, weiß sie doch aus eigener Erfahrung bestens Bescheid über das Niveau der politischen Kultur und der parlamentarischen Auseinandersetzungen in der Bundesrepublik. »Es wäre blauäugig anzunehmen«, formuliert sie leicht prätentiös im privaten Gespräch, »es breite sich eine allgemeine menschliche Vernunft im Sinne Lessings aus. Dies ist in der Politik absolut nicht der Fall. Trotzdem hin-

dert mich nichts, daran festzuhalten. Wenn wir nicht an diesem Ziel arbeiten, verliert die Demokratie ihre Substanz.«
Sie wendet sich gegen die Tendenz, das Parlament nur noch als Notar der Regierung zu betrachten und versucht, die Abgeordneten in der Wahrnehmung ihrer Funktion zu bestärken: »Wir müssen selber entscheiden, was wir in der Hand behalten und was wir aus der Hand geben.« Heute, im Herbst 1990, wirken diese Absichtserklärungen vor dem Hintergrund der deutsch-deutschen Vereinigung und der praktischen Ausschaltung des Parlaments aus diesem Prozeß durch das Bundeskanzleramt fast rührend; im Winter 1988 gewinnt Rita Süßmuth mit ihren Bemühungen um mehr demokratisch-parlamentarische Kultur einen Respekt, wie ihn vorher nur Bundespräsident Weizsäcker hatte. »Es ist eine bewundernswerte Leistung, wie schnell sie es geschafft hat, in diesem eher repräsentativen Amt zu allen wichtigen Themen zu reden,« erklärt ihr ehemaliger Mitarbeiter Wahnfried Dettling.
Weil sie das Gewicht des Parlaments verstärken will, lehnt sie die von linker Seite erhobene Forderung nach mehr direkter Demokratie durch die Einführung von Volksentscheiden ab. Ihre Vorbehalte gründen auf Erfahrung: »Im März 87, als die Aidspanik ihren Höhepunkt erreichte, wären durch einen Volksentscheid z.B. zur Aidspolitik mit Sicherheit drastische Verschärfungen und drakonische Maßnahmen durchgesetzt worden.« Sie agitiert stattdessen für einen demokratischen Minimalkonsens im Parlament und versucht, der christdemokratischen Strategie, die Grünen auszugrenzen als »Radikale, die ihr Verhältnis zur Gewalt nicht geklärt haben«, entgegenzuwirken. Allerdings zeichnet sie sich bei der Debatte über die grüne Forderung nach einem Vizepräsidentenposten nicht durch übergroßen Mut aus. Inhaltlich hält sie die Sprachregelung, Grüne nur in einem Atemzug mit Rechtsra-

dikalen zu nennen, zwar für falsch, aber sie nutzt ihr hohes Ansehen auch nicht zu einer öffentlichen Kritik dieser parteioffiziellen Linie. »Rita Süßmuth könnte ihr Verständnis vom Umgang mit Minderheiten in der Demokratie gar nicht glaubwürdig vertreten, wenn sie den Vorschlag, auch die Grünen sollten in der Führung der Parlamentsgeschäfte angemessen beteiligt sein, widersprechen würde. Innerlich also muß es ihr geschaudert haben, als sie vergangene Woche die Begründung vernahm, mit der ihre Fraktion sich dem Antrag verweigerte; wäre es zu viel verlangt gewesen, sie hätte nicht nach, sondern bereits vor dieser Entscheidung und ihrer eigenen Wahl ihre Überzeugung kundgetan?« (*Süddeutsche Zeitung* vom 28.11.)
In einem anderen Fall reagiert sie kühner. Durch ein Mißverständnis hatte sie sich zu einem öffentlichen Vorwurf gegen den grünen Fraktionsvorsitzenden Hubert Kleinert verleiten lassen. Entgegen den üblichen Bonner Gepflogenheiten entschuldigt sie sich und gibt mit ihm eine gemeinsame Klarstellung heraus. Ebenfalls im Sinne ihrer Vorstellung von politischer Kultur moniert sie öffentlich die demagogischen Parolen ihres Freundes Geißler bei der Europawahl («Radikale und SPD – Zukunft und Wohlstand ade!«).

»Ich bleibe Rita Süßmuth. Ich bleibe aktive Politikerin und habe nicht die Absicht, Abschied aus der Politik zu nehmen«, erklärt sie ihrer Bedeutung sehr bewußt. Doch ist nicht zu übersehen, daß die Ehre des neuen Amts durchaus auch ein Versuch war, sie aus der aktiven Politik abzuschieben. Vor der Amtsübernahme etwa hatte Kohl ihr Mitsprache bei der Bestimmung ihrer Nachfolgerin im Ministerium zugesagt. Scheinbar hatte er ihren Anspruch akzeptiert, weiterhin Frauenpolitik der CDU mitzugestalten, bald ist davon keine Rede mehr. Die Unionsfrauen treffen sich zwar sofort, um zu beraten, wen sie als künftige Frauenministerin durchsetzen wollen, aber das Kanzleramt läßt kühl verlauten: »Die Frauen sollten doch einmal in die Verfassung schauen, da ist ganz klar geregelt, wer über die Neubesetzung entscheidet.« Für Kohl ist es eine Gelegenheit, über Personalpolitik Macht zu demonstrieren und im übrigen den fordernden Frauen einen Dämpfer zu verpassen.

Am 2. Dezember breitet sich unter den Frauen der Union die blanke Wut aus: Kohl hatte die Altersforscherin Ursula Lehr berufen, ohne die Vorschläge aus den Reihen der FU auch nur zu würdigen, geschweige denn zu berücksichtigen. »Warum engagieren wir uns eigentlich noch« schimpfen die CDU-Frauen verbittert, die Rita Süßmuths Berufung vor drei Jahren erst murrend, dann angetan überrascht hingenommen hatten. Professorin Lehr, so stellt sich schnell heraus, hat weder Ahnung von, noch Interesse an Frauenpolitik. So wird das Thema innerhalb der CDU faktisch nur noch von der Frauenunion vertreten; Rita Süßmuth als Vorsitzende aber kommt über Kritik und allgemeine Appelle nicht mehr hinaus. Dafür werden ihre Äußerungen merklich radikaler. Dieses Schicksal teilt sie mit der Fraktion der Modernisierer insgesamt. Gescheit kommentiert dies die *taz*: »Die Position des Konrad-Adenauer-Hauses wird durch den Weggang von Süßmuth, die deren Repräsentantin im Kabinett war, schwächer werden: d.h. mehr Ideologieproduktion. Die Ausführung in der Praxis haben die Traditionalisten voll im Griff.«

Mangelndes politisches Fingerspitzengefühl und so gut wie keine öffentliche Ausstrahlung ergaben ein Nullsummenspiel, bei dem Frau Lehr auch in ihrer eigenen Partei schnell im toten Winkel landete. Eilfertig tappte sie in die Fettnäpfchen, etwa indem sie das Recht auf einen Kindergartenplatz, wie er in der von Rita Süßmuth vorbereiteten Jugendwohlfahrtsnovelle festgelegt ist, auf verheerende Weise vertei-

digte. Ihre Einlassung: Kinder können genauso gut von Erzieherinnen wie von Müttern erzogen werden, provozierte ein Aufheulen bei CDU/CSU und ein Kopfschütteln bei den anderen Parteien. So gelang es ihr in kürzester Frist, dieses Gesetz endgültig zu Fall zu bringen.
Wenn Konservative einmal erkannt haben, daß das Problem weiblicher Berufstätigkeit nicht mehr aus der Welt zu schaffen ist, erwägen einige von ihnen durchgreifende modernistische Maßnahmen, die vor allem eines beabsichtigen – Ordnung und Autorität zu bestärken. Dann muß das Problem der Kinderbetreuung eben staatlicherseits und umfassend in den Griff genommen werden, wobei die »unersetzbaren emotionalen Bindungen« zwischen Mutter und Kind, die sonst von konservativer Seite so gerne mit allem nötigen gefühligen Kitsch hochgehalten werden, plötzlich zu einer zu vernachlässigenden Größe schrumpfen.

Das »Frauenministerium« existiert so gut wie nicht mehr, die Unionsmänner wittern Morgenluft. »Mehr Frauen in Spitzenämter, sonst ist die Quotenregelung nicht mehr auszuschließen«, verkündet die Vorsitzende der Frauenunion, Rita Süßmuth, weiterhin so hilflos wie stereotyp. Und auf der 40-Jahresfeier der Frauenunion: »Wir sind es leid, durch politisch kurzsichtige, am Mandatsbesitz klebende Kandidaten unserer Partei an der Verwirklichung unserer Ziele gehindert zu werden.« Bundeskanzler Kohl sitzt scheinheilig bei der Feier und reagiert laut Frankfurter Rundschau vom 16. Januar »beeindruckt« von den Berichten aus der Basis, wie Frauen immer wieder hereingelegt würden, aber er hütet sich wohlweislich vor konkreten Versprechungen. Es wird immer deutlicher: Die kooperative Lösung mit Männern ist an eine Grenze gelangt. Dennoch wissen die FU-Frauen nicht, welche Konsequenzen daraus zu ziehen sind. So bleiben sie letztendlich doch immer in der Rolle der klagenden Bittstellerinnen hängen, die Appell um Appell an die Spitzenmänner richten.

Wenn eine Politik in der Sackgasse steckt, blüht die Zeit der Demontage. Die Frauen innerhalb der Partei wie auch der SPD und FDP, die jahrelang den strahlenden Erfolg einer Rita Süßmuth haben ertragen müssen, beginnen sich zu rächen. Michaela Geiger von der CSU gibt Journalisten zu Protokoll: »Wenn Rita Süßmuth nicht Bundestagspräsidentin geworden wäre, wäre sie jetzt auf den Boden der Tatsachen gekommen.« Die stellvertretende FDP-Vorsitzende Adam-Schwaetzer erinnert sich plötzlich laut, oft in persönlichen Gesprächen frauenpolitische Fortschritte, wie sie in der Koalitionsabsprache verabredet waren, angemahnt zu haben. Aber da sei »nichts gelaufen«, weil Rita Süßmuth wohl durch den Kanzler »eingeschüchtert« worden sei. Die SPD-Geschäftsführerin Anke Fuchs – bekanntlich aus ältestem hanseatischen SPD-Adel – beschreibt Rita Süßmuth als Frau »ohne politisches Gewicht, eben dekorativ«. Aber es tue der Demokratie gut, »wenn Frauen aus dem bürgerlichen Lager schön formulieren können.« Allerdings sei es ärgerlich, daß trotz all der großen und kämpferischen Frauen, die die SPD hervorgebracht habe, Rita Süßmuth der »Typ ist, den SPD-Männer sich so als Frau vorstellen«.

Aber bevor es ans fröhliche zwischenfrauliche Schlachtfest geht, schlägt ein Ereignis Wellen, das fürs erste alles andere in den Hintergrund drängt: die Berliner Wahlen vom 29. Januar 89, in denen die Republikaner auf Anhieb 7,55% der Stimmen erreichen; die CDU wird auf die Oppositionsbank geschickt, die FDP fliegt ins parlamentarische Aus, und ein rot-grünes Bündnis zieht in den Senat ein. Die CDU/CSU steht unter Schock, dann wird zur Jagd auf die dafür Verantwortlichen geblasen.

Da der rechte Rand von den Unionsparteien abgefallen ist,

müssen die Schuldigen unter den Parteilinken zu finden sein, also das sattsam bekannte Trio Geißler, Süßmuth, Fink, gleich Parteizentrale, Frauenunion, Sozialausschüsse. »Wenn Geißler von der ›sozialen Mitte‹ spricht, spürt man, daß er einer Vision auf der Spur ist«, schreibt Thomas Schmid in der *taz*, »daß er im Schwanken der ehemals festgefügten Strukturen und Zuordnungsmuster eher eine Chance als eine Gefahr sieht, daß er eine flexiblere gesellschaftliche Gestalt im Auge hat.« Ähnliches könnte von Rita Süßmuth und Ulf Fink gesagt werden. Es ist nicht primär der Erhalt der bestehenden großen Volkspartei inklusive des deutschtümelnden, reaktionären und revanchistischen Flügels, den die drei im Auge haben. Der spielt zwar aktuell noch eine Rolle, langfristig aber verliert er an Gewicht – so ihre Analyse. Wenn die CDU/CSU allerdings den Anschluß an die moderne Wählerentwicklung verpaßt, wird sie – nach dieser Auffassung – als ganze für die Zukunft an Bedeutung verlieren. Dies wollen die Reformer um jeden Preis verhindern. So pfropfen sie bislang minoritäres, modernes sozial-christliches Gedankengut auf die alte Partei, wohl wissend, daß es eher eine Investition für die Zukunft als ein Beitrag zum Machterhalt in der Gegenwart ist.

Konrad Adenauer, als dessen Enkel sich Helmut Kohl gerne sieht, verstand es noch hervorragend, die disparatesten politischen Milieus in einer Volkspartei zu vereinen, und dennoch unbekümmert seiner eigenen politischen Wege zu gehen. Er gab die CDU als Partei der Wiedervereinigung aus und ging dennoch den Weg in die Westintegration; er deklarierte die Union zur christlichen Partei, ließ den Inhalt dessen jedoch vage und für unterschiedlichste Strategien verfügbar; er warb um die protestantische Unternehmerschaft als Gegengewicht zur katholischen, damals eher sozialistischen Arbeiterbewegung in Nordrhein-Westfalen. Sein Grundge-

danke war es, die Kräfte und Interessen in der Partei auszubalancieren, um selbst freie Hand bei der Gestaltung von Politik zu haben. Helmut Kohl, der an ihm Maß nimmt, verliert hingegen mehr und mehr die dafür erforderliche Integrationskraft. Die Herausforderung der Moderne, die Frauenbewegung, die multi-kulturell sich gestaltende Gesellschaft, die Ökologie, sie setzen Zwänge, die auf Dauer zur – ideellen und strukturellen, nicht bloß pragmatischen – Entscheidung drängen. Solange Helmut Kohl praktisch und unter der Hand innovativ sein konnte, gehörte er zu den Modernisierern. Als diese aber begannen, ins Grundsätzliche fortzuschreiten, ließen sich die unterschiedlichen Flügel der alten Volkspartei nicht mehr zusammenhalten. Die notwendige Anpassung an die Moderne konnte nicht wie nebenbei gemanagt werden.
Als PR-Frau zur Imageverstärkung in seiner Partei kam Rita Süßmuth dem Kanzler gerade recht, als aktive und konsequente Politikerin störte sie das Gleichgewicht der Flügel empfindlich, das ihm als Grundlage seiner Gestaltungsfreiheit dienen sollte. Der ideelle Einfluß der Reformer mußte nach seiner Rechnung wieder auf ihr tatsächliches Gewicht in der Partei zurückgestutzt, der rechte Flügel zumindest verbal stärker eingebunden werden.

Während Generalsekretär Geißler im hessischen Kommunalwahlkampf unermüdlich verkündete: »Die Republikaner kommen als Koalitionspartner auf keinen Fall in Betracht, wir sind gegen eine Partei, die mit billigen Anti-Ausländer-Parolen Stimmung macht«, experimentieren die Machterhaltungspolitiker in der CDU für die Kommunalwahl in Frankfurt erstmals mit einer neuer Taktik. Die Propaganda wurde auf die Integration der tendenziell zur Rechten abfallenden Wähler ausgerichtet: ausländerfeindliche Töne, ein Schuß Antisemitismus gegen die bekannteste

Figur der Grünen, Dany Cohn-Bendit, wurde aufgeboten, alles auf dem Hintergrund der Bestätigung kleinbürgerlicher Ressentiments und Ängste. Die Rechnung ging nicht auf. Ca. 4% ehemaliger CDU-Wähler wanderten ob dieser miefigen, den Republikanern und der NPD liebedienernden Kampagne zu Rot-Grün, über 6% wählten lieber das Original, also in Frankfurt die NPD. Nach Berlin nun auch Rot-Grün im Frankfurter Römer.
Während die Reformer zunehmend als die Verantwortlichen für die Niederlagen ins Visier genommen werden und der rheinland-pfälzische Ministerpräsident Wagner am 15. März, drei Tage nach der Frankfurter Kommunalwahl, laut über die Koalitionsfähigkeit der Republikaner nachdenkt, erklärt Rita Süßmuth während einer Bundestagsdebatte mit Blick auf die Frankfurter Ergebnisse: »Das war für uns eine wichtige Lektion, dem Trend nicht zu folgen«. Und: »Schönhuber gilt es zu bekämpfen«.

Kritik, Unbehagen und Wut über den Zustand der Partei und das Vorpreschen der Reformer hatten viele Unionsmitglieder. Jetzt aber handelt der konservative Flügel. Den ersten Schritt macht die Mittelstandsvereinigung der CDU. Rita Süßmuth wird vorgeladen, um ihr stellvertretend für die gesamte Modernisiererfraktion die Leviten zu lesen. Sie ist gewappnet: »Ich habe beim Betreten des Hauses gehört, daß die Stimmng gut, d.h. konservativ ist. Also muß ich etwas ruhestörenden Lärm machen.« Sie beginnt mit den Forderungen nach Erhöhung des Kindergelds und der Erweiterung des Erziehungsurlaubs. Der MIT-Vorsitzende Pieroth entgegnet wütend: »Gerade die Sozialausschüsse haben der CDU die Niederlage in Berlin eingebracht, indem sie immer mehr verlangten und nur die ohnehin Unzufriedenen begünstigen.« Nun sei das Finanzministerium sein Geld los und auch die Wähler. Ulrike Schreiber aus Bremen ergänzt: »Als

FU-Vorsitzende müssen Sie auch mal schießen, wenn in der Union jemand versucht, Sie links zu überholen.« Rita Süßmuth kontert: »Ich weiß gar nicht, in welcher Kirche ich hier rede.« Dann rechnet sie ihren Zuhörern vor, daß ein reiches Land, das außerplanmäßig Milliardensubventionen für den Airbus und den Jäger 90 locker macht, doch in der Lage sein muß, auch Mittel für die Familienpolitik aufzutreiben.

Derweil kämpft man hinter den Kulissen der Koalition um die Erhöhung des Kindergelds für das zweite Kind und eine Ausdehnung des Erziehungsurlaubs. Die Sozialpolitiker wollen beides noch in dieser Legislaturperiode verbessern, der Finanzminister und die FDP schließen das aus. Hinter den Türen wird hart an einem Kompromiß gebastelt. Der lautet: Ab 1. Juli 90 wird das Kindergeld für das zweite Kind um DM 30 erhöht und bis dahin der Erziehungsurlaub sukzessive auf 18 Monate verlängert.

Aktive Sozialpolitik ist immer auch Wählerstimmenfang, also kann sie gerade in politisch schwierigen Zeiten Zustimmung in der Partei finden. Andrerseits zeigt sich immer wieder, wie wenig die Konservativen eigentlich von der Süßmuth/Geißlerschen Frauen- und Familienpolitik verstehen oder verstehen wollen. Die *FAZ*, als ihr »kluger Kopf«, denunziert denn auch Geißler als Wolkenkuckucksheimbewohner, der »als Ursache für den Niedergang der Partei mit Vorliebe soziale Defizite ausgemacht hat, obwohl seine Partei – nicht zuletzt auf sein Drängen – in den letzten Jahren eine Fülle kostspieliger sozialer Wohltaten beschlossen und umgesetzt hat, die mit dem Stichwort Erziehungsurlaub und Erziehungsgeld nur angedeutet sind.« Familien- und Frauenpolitik wird da immer noch als Sozialpolitik begriffen, als ginge es um Geschenke und Muttertagsblumen, nicht um eine absolut erforderliche gesellschaftliche Strukturveränderung.

Der nächste Krach spielt sich in Hamburg ab. Jürgen Echternach, Vorsitzender der dortigen CDU und Kohlgefolgsmann, will mit einem Machtwort die dortige FU zwingen, ihre Bundesvorsitzende vom regionalen Parteitag wieder auszuladen: »Rita Süßmuth ist zu links.« Die Bundestagspräsidentin: »Ein wirklicher Tiefschlag.« Um den Skandal zu verhindern, darf sie schließlich doch in Hamburg auftreten. Diplomatisch die Form wahrend, macht sie nichtsdestoweniger ihre Kritik deutlich: Frauen, das sei erwiesen, seien weniger anfällig für Rechtsradikalismus, erzählt sie, um dann geschickt zum Thema Quotierung überzugehen: 40% betrage doch der Anteil der Frauen an der CDU in Hamburg, es sei Zeit, dort die Frauen zu führenden Positionen aufsteigen zu lassen (dann würden wohl solche Mißstimmungen nicht herrschen, verschluckt sie hörbar).
Auch in anderen Fragen gibt sie gegenüber dem Druck der Rechten nicht klein bei. Als Rita Süßmuth ihre grundsätzliche Bereitschaft erklärt, auf Vorschlag des Westberliner Oberbürgermeisters Momper zwischen den Bundesländern und den im Hungerstreik befindlichen RAF-Häftlingen zu vermitteln, platzt der CSU wieder einmal der Kragen: Sie mache sich mit SPD-Politikern wie Momper und Schmude gemein und setze in der Diskussion über Terrorismus »falsche und mehr als peinliche Signale zum Schaden der Demokratie«. Rita Süßmuth kontert heftig: »Ich brauche keine Nachhilfe in Rechtstaat und Demokratie.«

Ähnlich sieht es die Öffentlichkeit. Immer häufiger wird Rita Süßmuth als mögliche Gegenkandidatin zu Helmut Kohl ins Spiel gebracht. Wenn auch ein gut Teil solcher Mutmaßungen auf Wunschdenken oder auf Provokationslust der linken Medien zurückzuführen ist, so hat sich die Quereinsteigerin doch zu einer realen Konkurrentin entwickelt. Rita Süßmuth scheint für alles gut, Ministerpräsidentenschaften sind ihr schon mehrmals angetragen worden. Je näher die CDU dem Kanzlersturz steht, desto häufiger fällt ihr Name bei der links- bis liberalen Mitte der Union. Das sind nicht nur Schattenspiele. Besorgt über die Niederlagen der Union und die Erfolge der Republikaner, frustiert vom Kanzler, dessen bloß machtpolitisches Lavieren immer deutlicher seine Ideenlosigkeit offenbart, trifft Geißler nach dem CDU-Wahldebakel in Berlin erste Vorbereitungen für die Wachablösung. Kohls Sündenregister wird im Konrad-Adenauer-Haus kurz und knapp zusammengefaßt:

1. »Über die Grundlinien der Politik der Bundesregierung herrscht in großen Teilen der Bevölkerung Unklarheit.
2. Der Wertebezug der Politik der Bundesregierung ist für viele Wähler nicht erkennbar.
3. Die Darstelllung der Politik der Bundesregierung wurde in den vergangenen Jahren nicht wesentlich verbessert.«

Die CDU-Spitzen, mit denen sich Geißler im Laufe der folgenden Monate klandestin in Verbindung setzt, sind sich in ihrer Kritik an Kohls »Führungsschwäche« einig. Ernst Albrecht, Lothar Späth, Walter Wallmann, Norbert Blüm – alle schimpfen und bestärken Geißler in seinem Urteil »Kohl kann es nicht.« (*Spiegel*) Als Alternative zu Kohl werden Albrecht, Späth oder Rita Süßmuth gehandelt – eine politisch nicht gerade einheitliche Auswahl. Die Chancen eines Wechsels werden allerdings zunehmend schwieriger zu beurteilen. Die politische Lage gestaltet sich im Verlauf des Jahres 1989 immer unübersichtlicher.

Bei den Europa-Wahlen im Juni kann sich die CDU, trotz erheblicher Einbußen, mit knappen 0,5% Vorsprung zur SPD als stärkste Partei behaupten. Die neuerlichen Erfolge der Republikaner jedoch geben nicht den Modernisierern, sondern den Nationalkonservativen in den Unionsparteien Auftrieb. Theo Waigel (CSU-Vorsitzender und Bundesfinanzminister) verkündet: »Das Deutsche Reich ist mit der Kapitulation der Wehrmacht keineswegs untergegangen.« D.h. im Klartext: Die ehemaligen Ostgebiete können legitimerweise – zumindest verbal – immer noch reklamiert werden. Kohl, in Bedrängnis von links und rechts, beschwört Ruhe: »Es gibt keine Notwendigkeit, eine Grenzdiskussion anzufangen.« Trotzdem hindert er den Bundespräsidenten Weizsäcker zum 50. Jahrestag des deutschen Überfalls demonstrativ nach Polen zu fahren. Was sich im nachhinein als richtiger Schachzug erweist, dem bröckelnden kommunistischen Regime nicht noch die Ehre höchsten Besuchs zu erweisen, wird zum konkreten Zeitpunkt eher als Nachgeben gegenüber den Republikanern und den Parteirechten verstanden. Sofort erklärt Rita Süßmuth ihre Absicht, am 1. Septemer in Polen des Ausbruchs des Zweiten Weltkriegs zu gedenken. Aber dann kann sie nicht umhin, die Feierstunde im Bundestag zu leiten, und vermag es auch nicht durchzusetzen, daß ihre Stellvertreter fahren.

Kohl kann die streitenden Flügel nicht mehr ruhigstellen. Kaum hat er die eine Seite unter Kontrolle, geht es auf der anderen wieder los. Er versucht die Mitte immer schwergewichtiger zu besetzen und expandiert dabei körperlich gleich mit. Am 21. August verkündet er die Abmagerungskur: Er wird auf dem Bremer Parteitag seinen nun 12 Jahre lang amtierenden Generalsekretär nicht mehr zur Wiederwahl vorschlagen. Da er die alleinige Kompetenz für die Besetzung des Postens hat, ist Geißler hiermit de fakto gefeuert.

Die Nachricht schlägt in den Medien ein wie eine Bombe, für CDU-Funktionäre und das Konrad-Adenauer-Haus kommt sie nicht unerwartet. Zwar bietet Geißler dem Kanzler fortan »loyale Zusammenarbeit« an, aber ist das noch mehr als eine Alibibehauptung? Will er die Beziehung überhaupt noch reparieren? »Dies ist eine Entscheidung gegen eine eigenständige Partei, die sich nicht nur als Erfüllungsgehilfin der Regierung versteht«, wettert Geißler auf der sofort anberaumten Pressekonferenz. Und: »Es ist ein Signal gegen eine offene und moderne CDU.« Geißler sucht die Truppen hinter sich zu sammeln, um die offene Revolte vorzubereiten. Aber die Putschisten sind untereinander uneins. Der Sozialpolitiker Blüm kann sich den industriefreundlichen Späth nicht gut als Kanzler vorstellen, und der von (Spielbank-) Affären und (Buschhaus-Kraftwerk-) Debakeln gebeutelte Ernst Albrecht gilt nicht gerade als der strahlendste Sieger. Die CSU muß irgendwie eingebunden werden, was alles andere als einfach ist, gilt doch das Geißler-Opfer nicht zuletzt als Preis, den Kohl an die Bayern entrichten mußte, damit sich Theo Waigel im jüngsten Kabinett-Revirement für das Finanzministerium breitschlagen ließ. Und auf Walter Wallmann, in dessen Kanzlei der ausländerfeindliche Wahlkampf für Frankfurt ausgeheckt wurde, war sowieso nie zu bauen.

Es ist eine wilde Truppe, die da den Aufstand probt, zusammengehalten nur von der Sorge um den Regierungserhalt der Union und der Abwehr der Republikaner. Und Rita Süßmuth? Nachdem Ernst Albrecht, von Kohl bearbeitet, vom Aufstand Abstand genommen hatte, soll Rita Süßmuth beim Parteitag in Bremen gegen Kohl um den Parteivorsitz kandidieren und anschließend Lothar Späth als Kanzlerkandidaten vorschlagen. Doch sie bekommt Angst. Ihre Worte von der »anderen Politik«, der es um »Ziele und Aufgaben«, nicht um »Macht und Durchsetzungsfähigkeit« geht, schlagen auf sie zurück.

Auch Späth wird plötzlich unsicher. Den Frühling und den Sommer über hatten sich Geißler und er die Pässe hin- und hergespielt. Lothar Späth verfügte als einziger noch über eine absolute CDU-Mehrheit in einem Bundesland, er genießt Ansehen in der Industrie und im Mittelstandsgewerbe und gilt als innovativen und ökologischen Impulsen gegenüber offen; Heiner Geißler dagegen hatte den Parteiapparat in der Hand und eine schlagkräftige und kluge Truppe in der Parteizentrale. Das war die Achse der Revolte, die Kohl zunehmend gefährlich geworden war. Aber dann, am 27. August, kneift auch Späth: » Wenn wir nicht zu einer einheitlichen Meinung kommen, lassen wir es lieber.«

Am 31. August tagt das CDU-Präsidium. Kohl wird die Meinung gesagt, aber es sind nurmehr leere Worte, die ihn nicht mehr treffen können. Dregger, Schwarz-Schilling, Carstens, Wagner – alle blasen ins gleiche Horn: Geißler habe die national-konservativen Wähler vernachlässigt. Der Vorsitzende des Wirtschaftsrates der Union, Murmann, will die Diskussion beenden, und die Aufrührer belassen es bei der zahmen Forderung nach einem politischen Neubeginn. Rita Süßmuths Philippika über »unadäquaten Stil« und der Notwendigkeit einer mehr demokratischen Arbeitsweise im Präsidium kann der Kanzler sich ungerührt anhören. Wer die Macht will, stellt nicht die Stilfrage.

»Es gibt keine Richtungsveränderung«, versichert Kohl vor dem Bremer Parteitag immer wieder, und am 6. September erklärt er demonstrativ, daß die Republikaner als Koalitionspartner unerwünscht seien. »Zusammenarbeit mit Kommunisten, Grünen, Republikanern und NPD kommt für uns nicht in Frage.«

Pater Basilius Streithofen und andere treue Gefolgsleute werden losgeschickt, in den CDU-Kreisvereinen Stimmung gegen die Putschisten zu machen. Es soll verhindert werden, daß diese in Bremen ein zu gutes Wahlergebnis erzielen, das als Abbügeln des Kanzlers zu interpretieren wäre. Der katholische Alleinunterhalter in der Soutane trifft mit derbem

Witz die Stimmung. »Partei-Jungfrau« zieht der Pater, der qua Amt wissen muß, was eine Jungfrau ist, über Rita Süßmuth her, »ein blühendes Reis, der CDU aufgepfropft, aber nicht in der Partei verwurzelt.«

Vor dem 12. September ist denn auch schon alles gelaufen. Auf dem mit Spannung erwarteten Parteitag werden nur noch Versöhnungs- und Unterwerfungsrituale abgespult und Rechnungen beglichen. Lothar Späth fliegt aus dem Präsidium, Rita Süßmuth und Heiner Geißler erhalten sehr viel weniger Stimmen als erwartet, Kohls Freunde werden alle gewählt, die Ruhe ist wiederhergestellt.

»Siehst du den Rauch, der über der Halle hängt«, kursiert ein Witz unter den Delegierten, »das ist die Bremsspur der Reformer.«

Und zu Helmut Kohls unverhofftem Glück beginnt ein neuer Abschnitt in der Geschichte der Bundesrepublik. Während sich in Bremen die Delegierten beim Bericht des Bundesumweltministers Töpfer langweilen und maulend, schadenfroh oder zufrieden in den Fluren rumstehen, öffnet Ungarn den DDR-Flüchtlingen die Grenzen. Die Ausreisewelle, die den Untergang der DDR und die Vereinigung beider Deutschländer einleitet, hat begonnen. Die Themen, die die Partei zu zerreißen drohten, werden entweder obsolet oder vorübergehend in den Hintergrund gedrängt.

Jetzt hat Kohl Oberwasser. Aus Machterhaltungspolitik wird Machtpolitik, durchaus im gestalterischen Sinne. Er braucht sich nicht mehr mit neuen gesellschaftlichen Zielvorgaben und umstrittenen Reformen rumzuärgern, die Anpassung der DDR-Gesellschaft an den bundesrepublikanischen Status quo ist Ziel und Aufgabe genug.

Verkörpert Rita Süßmuth also nur die vergangenen Hoffnungen auf andere Inhalte und andere Formen der Politik bei den christlichen Parteien oder auch Zukunft? Vielleicht wird sie langsam aber sicher das gute Stück im Bonner Inventar? Wer weiß.

Die Chancen der 80er Jahre: Bei üppiger Hochkonjunktur die notwendigen strukturellen Veränderungen in der Frauen- und Familienpolitik, in der Arbeitszeitpolitik, der Umweltpolitik und Immigrantenpolitik mit Verve anzupacken, hat die Regierung Kohl trotz allen Drucks der Reformer nur zögerlich begonnen und letztendlich vertan. Die CDU hielt der starke schwache Mann weitgehend zusammen, allerdings um den Preis, daß die Partei als lebendiges, diskutierendes Organ verkümmert ist. Und über die Demontage fast aller Konkurrenten. Ein riskantes Spiel. Sollte er scheitern, ist zur Zeit nur noch eine personelle Alternative für einen Neuanfang in Sicht: Rita Süßmuth.

Bereits erschienen:

ISBN 3-8218-1126-9
18,– DM